_____ 님의 소중한 미래를 위해
이 책을 드립니다.

30일 만에 마스터하는
중학교 국어

30일 만에 마스터하는
중학교 국어

중학생이라면 꼭 알아야 할 교과서 국어   송은영 지음

메이트북스

메이트북스 우리는 책이 독자를 위한 것임을 잊지 않는다.
우리는 독자의 꿈을 사랑하고,
그 꿈이 실현될 수 있는 도구를 세상에 내놓는다.

30일 만에 마스터하는 중학교 국어

초판 1쇄 발행 2018년 8월 20일 | 지은이 송은영
펴낸곳 (주)원앤원콘텐츠그룹 | 펴낸이 강현규 · 정영훈
책임편집 안미성 | 편집 최미임 · 이가진 · 이수민 · 김슬미
디자인 최정아 | 마케팅 한성호 · 김윤성 | 홍보 이선미 · 정채훈
등록번호 제301-2006-001호 | 등록일자 2013년 5월 24일
주소 06132 서울시 강남구 논현로 507 성지하이츠빌 3차 1307호 | 전화 (02)2234-7117
팩스 (02)2234-1086 | 홈페이지 www.matebooks.co.kr | 이메일 khg0109@hanmail.net
값 15,000원 | ISBN 979-11-6002-159-2 43710

메이트북스는 (주)원앤원콘텐츠그룹의 경제·경영·자기계발·실용 브랜드입니다.

배우되 생각하지 않으면 얻는 것이 없고,
생각하되 배우지 않으면 위태롭다.

• 공자 •

모든 과목의 기초 체력인 국어 공부,
'개념'을 다지면 쉬워진다!

다들 국어가 모든 과목의 기초 체력이라고 말하며 국어를 잘하지 못하면 다른 과목도 잘할 수 없다는 것을 안다. 그러나 국어가 단시간에 해결이 되지 않는 과목이라며 어려움을 호소한다. 중학교 국어 교과서가 검정 교과서로 바뀌면서 많은 종의 교과서들이 나오고 있지만, 국어 교육 과정에서 목표하는 성취 기준은 동일하다. 즉 출판사에 따라 순서가 다르고, 글의 제재가 다르고, 활동 내용이 다르지만 중학 과정에서 꼭 습득해야 할 국어 개념(성취 기준)은 마치 수학 공식처럼 정해져 있다. 이렇듯 국어 과목의 핵심을 알았다면 '중학 과정에서 꼭 해결해야 하는 국어 개념'을 잡아야 한다는 마음이 절실해질 것이다.

국어 과목의 교육 과정을 반영해 꼭 알아야 할 '국어 개념'을 묶어내자는 출판 제의를 받고 그 기획 의도가 마음에 들어 바쁜 시간을 쪼개 책을 쓰기로 마음먹었다. 시중에 이런 체계를 담은 책이 없었기 때문이다. 십수 년간 동영상 강의를 해오면서 학생들에게 국어 과목에 대한 수만 건의 솔직한 질문을 받아왔다. 해결되지 않는 수많은 질문들의 근본적인 문제는 바로 해당 '개념'을 모른다는 것이었다. '개념도 익히지 못한 채 진도에 따라 문제만 풀고 있구나.'라는 생각에 안타깝기도 했다. 사실 성취 기준에 입각한 개념을 잘 이해하면 그 위에 어떤 제재와 글이 얹어져도, 다양한 활동들이 나와도 다 해결될 문제들이기 때문이다.

개정된 최근 교육 과정에 맞추어 중학교 1학년부터 3학년까지 전 영역을 망라해 엄선한 영역별 개념들을 담았다. 마치 옆에 앉아 조곤조곤 설명해주듯 친근한 선생님의 말투로 중학생이라면 꼭 알아야 할 국어 개념들을 쉽게 풀어냈다. 친숙한 예시 자료와 즐거운 맥락 속에서 이 책이 편하게 읽히길 바라면서 말이다. 이 책을 부담 없이 다 읽고 나면 책을 통해 쉽고 재미있게 습득한 국어 개념들을 국어 교과서에서 만나게 될 것이다. 그러면 분명 반가운 마음이 들 것이고, 이미 기초 개념을 배웠으니 안정된 상태에서 구체적인 제재들을 더욱 빠르게 자신의 것으로 만들 수 있을 것이다.

오랫동안 함께한 중학생들을 위해 꼭 필요한 책을 쓸 수 있는 기회를 준 원앤원콘텐츠그룹에게 진심으로 고마운 마음을 전한다. 반포 도서관에 앉아 노트북을 두드리며 책을 쓰는 동안 옆에서 동화책을 읽으며 벗이 되어준 호선이에게 언제나 힘이 된다고 말하고 싶다. 무엇보다 국어라는 과목을 공부하기 위해 이 책을 읽기 시작한 학생들의 앞날에 '반짝' 하고 환한 불이 들어오길 소망하고 그렇게 될 것을 확신한다.

송은영

『30일 만에 마스터하는 중학교 국어』
이렇게 읽어주세요!

1. 중학교 교육 과정에 따른 5개의 영역을 파악하자

말하기·듣기, 읽기, 쓰기, 문법, 문학, 이렇게 5개의 영역으로 구분되어 있다. 모두 중학교 1~3학년까지의 교육 과정 안에서 다루는 내용으로, 성취 기준에 따른 필수 개념을 쉽고 흥미롭게 풀어냈다.

2. 제목을 확인하자

제목을 보면서 어떤 내용을 다룰 것인지 확인한다. 자신이 보는 영역이 어느 부분이고, 어떤 개념을 담고 있는지 체크하면서 나무가 속한 숲을 보도록 하자.

3. 간단히 정리한 표를 통해 어려운 문법을 익히자

문법 파트에만 있는 요약 표다. 문법 영역은 체계적인 정리가 필요하기 때문에 표를 통해 한눈에 정리한 부분이다. 개념 설명을 읽은 뒤 표를 다시 보면서 정리하고, 학교 공부를 할 때 활용해보자.

4. '지식 더하기'를 통해 지식을 더하자

개념 설명이 다 된 다음에 소개되는 '지식 더하기'는 개념과 관련된 지식을 하나 더 챙길 수 있는 흥미로운 코너다. 본문에 소개된 개념 못지않게 중요한 개념들을 담은 부분이니 꼼꼼히 살펴보자.

목차

 1장 국어의 기본은 말하기와 듣기다

2장 읽기를 잘하면 국어가 쉬워진다

3장 중학생이라면 꼭 알아야 할 쓰기

4장 국어 공부의 왕도는 문법이다

국어 공부의 꽃은 문학이다

개인적·공식적 상황에서 이루어지는

다양한 말하기와 듣기에 대한 지식과 기능을 배워요.

상황에 대한 종합적 안목을 바탕으로

적절한 언어 예절을 갖추어 말하기와 듣기에

적극적으로 참여하는 지식과 방법에 대해

알아보는 부분이에요.

국어의 기본은
말하기와 듣기다

말하기와 듣기의 목적은 무엇일까요?

말하기, 듣기에서 가장 먼저 생각해야 할 것은 '목적'이다.
이러한 목적에는 정서적·친교적·정보적·설득적 기능이 있다.

　우리는 하루에 굉장히 많은 말을 하며 살고 있어. 그런데 왜 말을 하는 걸까? 그 질문에 대한 답이 바로 말하기의 '목적'이야. 말하기와 듣기에서 가장 먼저 생각해야 하는 것이 바로 이 목적이지. 말하는 사람(화자)도 듣는 사람(청자)도 둘 다 목적을 고려해야 한단다. 그래야 올바른 말하기와 듣기를 할 수 있어. 국어의 기본은 말하기와 듣기니까 말이야. 그럼 말하기에는 어떠한 목적들이 있을까?

　우리의 하루 일과를 살펴보면서 그 목적에 대해 생각해보자. 아침에 일어나서 가장 먼저 무슨 말을 해? 졸린 눈을 비비며 "아, 학교 가기 싫다." 이렇게 혼잣말하지 않아? (선생님만 그랬나?) 이 말은 학교에 가기 싫

16

다는 자신의 정서를 표현하는 것이지. 이 기능을 정서적·표현적 기능이라고 한단다.

그리고 등굣길에 같은 반 친구를 만나면 어떻게 하니? 반갑게 인사를 나누지. "안녕!" "아침밥은 먹었냐?" "오늘 날씨 좋지?" 이런 인사를 나눠. 친구와 인사를 나누는 것도 말하기 행위야. 이렇게 인사를 나누면 친구와 더 친밀해지고, 좋은 관계를 계속 유지할 수 있지. 만약 인사를 나누지 않고 쌩~ 하고 모르는 척하면 그 사이가 좋을 리 있겠어? 여기에서는 말하기의 친교적 기능을 알 수 있어.

그렇게 학교에 들어가서 우리 친구들은 주로 무엇을 하지? 책상에 앉아서 1교시, 2교시, 3교시, 4교시… 각 과목 선생님들에게 수업을 들을

거야. 선생님들은 학습 목표에 맞춰 중요한 학습 내용을 계속 전달하시겠지. 예를 들어 국어 선생님이라면 이렇게 말하실 거야. "여러분, 화법의 기능에는 정보 전달의 기능, 설득적 기능, 친교적 기능, 정서적 기능이 있습니다. 그리고…" 선생님들은 이런 말하기를 통해 학생들에게 무엇을 전달하고자 하는 걸까? 맞아, 학습 정보를 전달하려는 거겠지. 즉 이것은 정보를 전달하기 위한 말하기 행위이기 때문에 말하기의 정보 전달의 기능이라고 할 수 있단다.

그렇게 모든 수업을 마치고 집에 왔어. 열심히 공부하고 왔으니 좀 쉬려고 컴퓨터 앞에 앉아 좋아하는 게임을 하는데, 어쩌다 보니 뜻하지 않게(?) 몇 시간이나 게임을 한 거야. 그때 어김없이 엄마의 목소리가 들려. "게임 그만하고 들어가서 공부 좀 해라." 그러면 어떻게 하니? 무거운 다리를 질질 끌면서 방으로 들어가게 되지. 이때 엄마는 어떤 의도로 말을 하신 걸까? 게임만 하는 우리 친구들의 행동을 변화시키려고 명령을 하신 거야. 이렇게 상대의 생각과 행동을 바꾸려는 목적으로 명령하는 것을 명령적 기능 혹은 설득적 기능이라고 해. 이렇게 일상적으로 하는 모든 말에는 일정한 대화의 목적이 있고, 이것을 화법의 목적이라고해.

잘 이해했니? 그럼 마지막으로 문제 하나 낼게. 선생님이 요즘 가장 좋아하고 자주 받는 문자 메시지가 있어. 바로 "택배는 경비실에 있습니다."라는 문자 메시지야. 이것은 어떤 목적을 가진 말이라고 볼 수 있을까? 맞아, 정보 전달을 목적으로 한 말이면서 명령을 목적으로 한 말이란다. 어때, 어렵지 않지?

말하기와 화법의 목적

- 말하기의 목적은 다양하게 세분화된다. 목적에는 명령·질문·요청·위로·경고·선언·약속·칭찬·제안·비난·협박 등이 있을 수 있다.

- 화법은 하나의 표현이 여러 목적과 기능을 같이 가질 수 있다. 예를 들어 "오늘 진도는 72쪽에서 시작합니다."와 같은 표현은 정보적 기능과 명령적 기능을 같이 가지고 있다.

상황적인 맥락을 고려해보자

상황 맥락에 따라 같은 말도 다른 의미로 해석된다.
화자와 청자, 시간과 공간, 의도와 목적으로 상황 맥락이 구성된다.

본격적으로 대화의 맥락을 살펴볼까? 그러기 위해서 꼭 알아야 할 개념이 있어. 바로 '발화'와 '담화'야. 발화는 어떤 의미를 가진 문장을 말로 표현한 것을 말해. 예를 들어 전학 온 친구를 보고 '저 친구랑 친해지고 싶은데….'라는 생각이 들었다고 치자. 그래서 "이따가 우리 수행평가 같이할래?"라고 말했다면 그것이 발화야. 그리고 이런 발화들이 연속적으로 이어진 말의 단위를 담화라고 한단다. "우리 수행평가 같이할래? 여기에서 멀지 않은 곳에 도서관이 있어. 아마 필요한 자료를 찾을 수 있을 거야." 이렇게 연속되는 말의 단위가 담화야.

그럼 담화를 구성하는 맥락은 무엇일까? 말이나 글의 의미를 해석하는 데 관련되는 사람이나 시간, 장소 등의 요인들을 바로 상황 맥락이라고 해. "음식은 잘 드셨나요?"라는 말을 식당 주인(화자)과 손님(청자) 혹은 치과 의사 선생님(화자)과 이가 아픈 환자(청자)가 나누었다고 하자. 같은 말을 나누었지만 의미는 달라져. 식당 주인이 "음식은 잘 드셨나요?"라고 말할 때는 음식의 맛이 좋았는지를 묻는 것이지만, 의사 선생님이 말할 때는 이가 불편하지는 않았는지를 묻는 것이겠지. 여기에서 상황 맥락을 구성하는 요인을 하나 알 수 있어. 바로 말하는 이(화자)와 듣는 이(청자)야.

"바지를 벗으세요."라는 말을 지하철 역에서 누군가가 했다면 분위기가 아주 이상해질 거야. 그러나 병원에서 엉덩이에 주사를 놓기 위해 간호사 선생님이 환자에게 말한다면 정상적인 상황으로 여겨지지. 또한 "안녕히 주무세요."라는 인사를 아침에 한다면 듣는 이가 의아하게 여기겠지만, 밤에 자기 전에 "안녕히 주무세요."라고 인사한다면 정상적인 상황으로 여겨지지. 이렇게 상황 맥락을 구성하는 요소에는 시간과 공간이 있어.

모처럼 열심히 공부해서 성적을 잘 받아왔을 때, 엄마가 "잘했다!"라고 말한다면 여기에는 '칭찬'의 의도가 담겨 있지. 그러나 내가 똑같은 실수를 계속 반복했을 때, 엄마가 "잘했다!"라고 말한다면 이 말에는 '못마땅함'의 의도가 있어. 여기에서 상황 맥락을 구성하는 요소를 또 알 수 있지. 바로 의도와 목적이야.

정리하면 어떤 시간과 공간 안에서 화자와 청자가 특정한 의도와 목적을 가지고 대화를 나누면 같은 말이라도 여러 가지 의미가 생성된다는 거야. 그래서 상황 맥락에는 뭐가 있다고? 맞아, 화자와 청자, 시간과 공간, 의도와 목적이 상황 맥락을 구성하는 요소란다.

지식 더하기

상황 맥락을 고려해야 하는 이유

- 상황 맥락을 알지 못하면 말의 의미를 정확하게 이해하기 어렵다.
- 같은 말이라도 의미가 다르게 해석될 수 있다.

담화에 영향을 주는 요소

- 담화에 영향을 주는 요소에는 '사회·문화적 맥락'도 있다. 사회·문화적 맥락의 구성 요소에는 지역·세대·문화·성별 등이 있는데, 이것도 담화에 영향을 주는 요소다. 다음 대화를 살펴보자.

  손녀: 할머니, 저 지금 CD 구워요.

  할머니: CD가 뭐냐? 생선이냐?

  위 대화에 영향을 주는 사회·문화적 맥락은 '세대'다.

다양한 매체, 어떻게 활용하는 것이 좋을까요?

사회적으로 의미가 있는 내용을 매체 자료로 구성해 발표하면 훨씬 효과적이다.
이때 매체의 종류와 활용 방법을 파악해 매체를 적절하게 활용할 수 있어야 한다.

현대 사회에 들어서면서 여러 매체가 발달했어. 우리의 언어생활에 매체를 활용하는 일도 매우 많아졌지. 그럼 매체란 것은 무엇일까? 국어에서 매체는 언어를 전달하는 수단을 말해. 선생님이 지금 말하는 내용을 우리 친구들은 어떻게 전달받고 있니? 바로 책을 통해서 전달받고 있지? 즉 '책'이라는 인쇄 매체를 활용하고 있는 거야.

그럼 매체의 종류에는 무엇이 있을까? 가장 먼저 떠오르는 매체가 뭐야? 맞아, 인터넷 매체가 있어. 인터넷 매체에 접속하면 동영상·이미지·텍스트 등 여러 수단을 통해 많은 사람들이 올려놓은 정보와 필요한 내용들을 얻을 수 있단다. 그리고 전통적인 매체인 책·신문·잡지 등 인쇄 매체도 있어. 또 텔레비전·라디오 등 방송 매체도 있지. 더 세부적으로 들어가면 우리가 읽는 책이나 인터넷상에 나타나는 도표·그림·이미지·사진·음악 등도 다 매체일 수 있어. 언어를 전달하는 모든 수단을 다 매체라고 본다면 매체의 범위는 매우 확장되지.

매체는 어떤 경우에 활용될까? 우리가 전달하고자 하는 내용을 구성할 때 매체를 활용할 수 있어. 발표를 하고자 할 때 주제에 맞는 발표 내용을 만들어야 하잖아. 발표 주제가 '중학생들의 이성 교제'라고 한다면 인터넷이나 책 등 각종 매체를 통해 관련 내용을 찾고 이를 바탕으로 내용을 구성할 수 있을 거야.

발표하는 과정에서도 매체를 활용할 수 있단다. 발표하는 장면을 생각해봐. 발표자가 모든 내용을 말로만 전달하는 것보다 내용을 정리한 도표와 함께 주제와 관련 있는 사진이나 동영상 등을 함께 보여주는 것이 훨씬 효과적이지.

여러 영역과 단원에서 '매체'가 많이 언급되고 있어. 하지만 매체의 활용은 크게 위의 2가지 내용, 즉 '매체를 통한 내용의 구성'과 '매체를 활용한 발표'로 정리할 수 있지. 이제 좀 정리가 되지?

그럼 매체를 활용할 때 유의할 점은 무엇일까? 무조건 매체를 많이 사용하면 좋은 걸까? 아니야. 반드시 전달하는 내용과 관련 있는 매체를 사용해야 해. 또한 발표 상황과 흐름, 청중 등을 고려해서 매체를 활용해야겠지. 마지막으로 요즘 굉장히 이슈가 되고 있는 부분인데 매체 자료 이용 윤리도 꼭 지켜야 한단다. 저작권을 침해하지 않아야 하고, 정당한 절차를 통해 획득한 매체 자료만 활용해야 해.

앞으로 매체의 활용은 더 활발해지고, 관련 내용은 더 중요하게 다루어질 거야. 잘 정리해두자.

인터넷 매체의 특성

- 글자·사진·도표·그림 등을 통해 말하는 이의 생각을 전달해주며, 한 번에 여러 사람에게 전달이 가능하다.
- 듣는 이는 게시판을 통해 댓글을 달거나 전자 우편으로 의견을 보낼 수 있어 말하는 이와 듣는 이가 서로 의견을 주고받을 수 있다(쌍방향적 의사소통).
- 말하는 이가 원할 때 즉시 생각을 전할 수 있기 때문에 책이나 편지, 텔레비전, 라디오와 같은 매체보다 신속하게 이용이 가능하다(신속성).
- 전달된 소식을 반영구적으로 보관할 수 있다.

말하기 절차는 어떻게 될까요?

말을 잘하기 위해서는 말하기 절차에 따라 준비를 철저히 해야 한다.
말하기 절차에는 계획하기, 내용 생성하기 및 조직하기, 말하기, 최종 점검이 있다.

편안한 자리에서 친구들과 대화는 잘하는데, 발표나 연설 등 공식적인 말하기에서 어려움이나 불안을 겪어본 적 있어? 우리는 보통 글쓰기를 할 때는 절차를 많이 익히고 따르면서 말하기를 할 때는 절차를 생각하거나 준비하는 것이 글쓰기에 비해 상대적으로 소홀한 것 같아. 이번에는 말하기를 잘하려면 어떻게 해야 하는지를 알아볼 거야. 그러기 위해서는 말하기의 절차를 살펴봐야 한단다.

말하기를 할 때는 가장 먼저 말하는 목적을 세우고, 무엇에 대해 말할 것인가를 고민해야 해. 주제를 구체화하는 거지. 그리고 내가 하는 말을 누가 들을 것인지, 청자(청중)를 분석해야 해. 또 내가 말을 하는 상황을 고려해야 하지.

그런 다음 무엇을 할까? 선생님은 음식 중에 떡볶이를 가장 좋아해서 가끔 집에서 해먹어. 그래서 먹고 싶을 때 항상 먹을 수 있게 재료를 늘 사다두지. 이 말을 갑자기 왜 하는 것 같아? 요리를 할 때는 요리 재료가 있어야 하듯이 말하기를 할 때도 일정한 재료가 있어야 한다는 말을 하기 위해서야. 떡볶이를 만들려면 떡도 있어야 하고, 오뎅과 고추장도 준비해야 하지. 마찬가지로 말하기를 할 때도 말하기의 재료, 즉 자료를 수집해야 한단다.

그럼 자료는 어떻게 수집할까? 스스로 경험해 알고 있는 일, 다른 사람의 말, 다양한 매체 등을 통해서 자료를 수집할 수 있어. 그런 다음 자료를 손쉽게 쓸 수 있도록 항목별로 분류하고 정리할 필요가 있단다.

이렇게 주제·목적·청자·상황에 대한 분석을 바탕으로 자료까지 모아 내용을 생성했다면 이제 말하기의 내용을 조직해야겠지. 내용 조직은 전달하고자 하는 내용에 따라 달라질 수 있어. 예를 들어 '한국 민화의 특성'에 대한 정보 전달의 말하기를 계획했다면 대상의 특성에 따라 내용을 조직하는 것이 좋아. 만약 '일회용품 사용을 줄이자.'라는 주장으로 상대를 설득하려면 '문제-해결 방안'으로 내용을 조직하는 것이 좋지. 이렇듯 말하는 주제와 목적에 따라 효과적인 내용 조직 방법이 달라져.

그런 다음 조직한 내용을 바탕으로 효과적인 표현 전략을 세우고 적절한 매체의 활용을 계획하는 거야. 예를 들어 다음과 같은 계획을 세울 수 있어. '처음 부분에서는 민화를 설명할 것이라고 밝히면서, 민화가 나온 사진을 보여주면서 시작해야지.' '첫 번째 해결 방안을 제시하면서 주의를 집중시키기 위해 검지를 들어야지.' 등 구체적인 실행 계획을 자세하게 짜보는 거지.

이렇게 말하기 준비를 다했다면 드디어 말하기를 하는 거야. 말하기를 할 때는 어떻게 해야 할까? 잘하는 말하기란 전달력을 높여 화자가 처음 의도한 목적을 성취하는 것을 말해. 그러려면 당연히 적절한 단어를 선택해서 어법에 맞게 말해야겠지. 표준어와 표준 발음을 사용해야 해.

또한 내용을 효과적으로 전달하기 위해서 목소리의 높낮이와 크기, 말의 빠르기와 분위기, 시선, 표정, 몸짓을 잘 살리는 것도 중요해. 특히 글쓰기와 다르게 말하기는 청자의 반응을 즉각적으로 확인할 수 있어. 그렇기 때문에 청자의 반응을 점검하고 그에 따라 조절해 말하는 과정도 중요하단다.

이렇게 철저하게 준비해 말하기를 하면 좋은 결과가 있을 것 같지 않니? 그런데 여기에서 끝이 아니야. 말하기가 끝난 다음에는 반드시 점검하는 과정이 필요해. 주제·목적·청자·상황에 맞게 말했는지, 효과적인 전달 방법을 사용했는지, 비언어·반언어적 표현은 잘 사용했는지 등을 점검하고 마무리한다면 앞으로 더 좋은 말하기를 할 수 있는 거지. 말하기 역시 준비가 잘 되어 있을 때 잘할 수 있다는 것을 꼭 기억하자.

말하기의 절차

1. **계획 세우기:** 주제 · 목적 · 청자 · 상황 등을 고려해야 한다.

2. **내용 생성하기:** 다양한 매체 · 경험 · 면담 등을 통해 자료를 수집한다.

3. **내용 조직하기:** 대상의 특성에 따라, 시간 순서에 따라, 문제−해결 방식에 따라 내용을 조직한다.

4. **말하기:** 청자를 고려하고, 비언어 · 반언어적 표현도 잘 사용한다.

5. **최종 점검:** 말하기가 끝난 뒤 효과적으로 말했는지 점검한다.

말하기에는
어떤 다양한 방법이 있나요?

대화의 상황과 목적에 따라 말하기 방법은 달라진다.
그렇기 때문에 알맞은 말하기의 방식을 선택해 대화를 나누는 것이 중요하다.

우리는 하루 종일 참 많은 대화를 해. 그런데 잘 살펴보면 대화하는 목적에 따라 대화 방법이 다르게 나타난다는 걸 알 수 있어. 대화에 다양한 목적이 있음은 이미 앞에서 보고 왔지?

예를 들어 길을 가는데 누군가가 길을 물어봤어. "근처에 무궁화 아파트가 있나요? 어떻게 가야 하나요?"라고 할 때 우리는 어떻게 대답해야 할까? "무궁화 아파트를 찾느라 힘이 드셨군요. 아이고, 거긴 왜 가세요?"라는 말을 하기보다 정확하게 목적지에 도착하는 방법을 알려줘야겠지. "여기서 100m 정도 걸으시면 둘리 슈퍼가 있을 거예요. 거기서 오른쪽으로 꺾으시면 바로 무궁화 아파트가 보일 겁니다."라고 말이야.

이렇듯 정보를 주고받으며 이해를 목적으로 하는 정보 소통의 말하기에서는 사실을 바탕으로 정확하고 간결하게 내용을 전달하는 것이 좋아. 듣는 사람이 이해하기 쉽게 간결하고 평이한 표현으로 요점을 잘 전달해야 하는 것이지.

다음의 대화 상황을 살펴보자. 은영이란 친구가 시험을 못 봐서 속상한 마음에 "열심히 한다고 했는데 왜 이 모양이지? 난 왜 이렇게 공부를 못할까?"라고 말하는 걸 친구 지연이가 들었어. 어떻게 대화를 이어나가야 할까? "네가 공부를 언제 열심히 했다고 그래. 난 너 자는 모습밖에 못 본 것 같은데…"라고 지연이가 말했다면 둘의 관계는 어떻게 될까? 어쩌면 은영이는 너무 속상해서 지연이와 다시는 어울리고 싶지 않을 수

도 있어. 은영이는 어떤 마음이었을까? 아마도 시험을 못 본 속상한 상황을 친구가 위로해주고 격려해주길 바랐을 거야.

관계 발전을 목적으로 하는 대화에서는 공감적 말하기가 중요해. 공감적 말하기는 상대방의 처지나 감정을 함께 느끼는 말하기 방식을 의미하지. "은영아, 속상하지? 이해해."라고 하며 상대방의 감정에 호응해주거나, "은영아, 시험을 못 봐서 자꾸 '나는 왜 그럴까?'라는 생각이 든다는 거지?" 하며 상대방의 말을 그대로 반영해주거나, "(고개를 끄덕끄덕하며 안타까운 표정으로) 아이고, 그랬구나." 하며 반응해주는 방법 등으로 공감적 말하기를 할 수 있단다. 이렇게 대화의 상황과 목적에 따라 말하기 방법은 달라질 수 있어.

그 외 상대방과 목적에 따라 우리가 활용할 수 있는 다양한 말하기 방식이 있어. 말하고자 하는 바를 직접 표현하는 직설적 말하기가 있고, 말하고자 하는 바를 돌려 말하거나 빗대어 말하는 우회적 말하기도 있어. 문제를 해결하기 위해 주고받는 말하기 방식인 문제 해결 지향적 말하기, 다른 사람의 말에 적극적으로 반응하고 동조하는 공감적 말하기, 대화를 이끌어가는 사람의 말하기 방식인 주도적 말하기, 대화를 주도하는 사람의 말을 듣고 반응하면서 주도적 말하기를 돕는 사람의 말하기 방식인 보조적 말하기 등도 있단다.

다시 한 번 강조할게. 말하기를 할 때는 대화의 목적, 상대, 상황에 따라 알맞은 말하기의 방식을 선택해 대화해야 한다는 것을 꼭 기억해.

대화 상대에 대해 고려할 점

- **상대의 특성:** 나이, 관심 분야, 성격, 가치관, 직업, 경험, 지식, 기호 등

- **상대와 자신과의 관계:** 친밀도, 사회적 지위 차이 등

인상 깊은 소개하기는 어떻게 해야 할까요?

소개하는 말하기에서는 자신이 알고 있는 정보를 주고받으며 상대와 더 친밀해질 수 있다.
다양한 방법을 활용해 효과적이고 인상적으로 소개하는 말하기를 해야 한다.

소개하기는 우리가 일상적으로 행하는 화법이야. 바로 이런 거지. 정말 맛있는 떡볶이 집을 알고 있을 때 우리는 친구에게 소개할 수 있어. "야, 그 집 정말 맛있어. 떡은 밀가루 떡인데 쫄깃쫄깃하고, 양념은 감칠맛 나게 매콤해. 그리고 국물에 튀김을 찍어 먹으면 정말…." 하면서 말야. 또 친한 친구에게 여자 친구를 소개하기도 해. "이번에 여자 친구를 사귀었어. 정말 예뻐. 맞아, 사진도 있어. 보여줄게."

이처럼 우리는 의외로 소개하기를 많이 해. 그럼 어떻게 해야 더 인상적으로 소개하기를 할 수 있을까? '인상적'이라는 말은 '어떤 대상에 대해서 마음속에 새겨지는 생각이나 느낌이 매우 강한 것'을 말해. 상대방에게 강한 인상을 남기며 무언가를 소개하기 위해서는 먼저 소개하는 말하기의 절차를 알아야 해. 이렇게 말하면 어떤 친구들은 "선생님, 소개는 그냥 하면 되지 않아요? 뭐, 계획까지 세울 필요 있나요?"라고 묻고 싶을지도 몰라. 하지만 앞서 모든 말하기는 계획하고 준비할 때 훨씬 잘할 수 있다고 했던 말 기억하고 있지? 이 말 명심하면서 소개하는 말하기에 대해 차근차근 알아보자.

먼저 계획을 잘 세워야 해. 말하는 상황, 듣는 이의 지식 수준과 감정, 태도 등을 고려해서 소개하는 목적과 소개 대상을 구체적으로 파악하고 계획을 세우는 거야.

그다음 무엇을 해야 할까? 소개 대상에 대한 정보를 수집해. 크게 보면 '소개하기'도 정보 제공의 말하기거든. 정보는 객관적이고 신뢰성이 있어야 하지. 그렇기 때문에 자신의 경험이나 독서, 인터넷 조사 등을 통해 소개 대상에 대한 의미 있는 내용을 수집할 수 있어. 예를 들어 내가 좋아하는 가수를 소개한다고 해보자. 내가 아는 노래, 그 가수와 관련된 일화, 여러 매체를 통해 알게 된 정보 중에서 대상의 특성을 잘 드러낼 수 있으면서 듣는 사람이 흥미를 느낄 만한 내용으로 정보를 수집하면 된단다.

그런 다음에는 내용을 조직해. 처음-중간-끝에 들어갈 내용을 배치하는 거지. 처음 부분에는 '내가 소개하려는 가수가 누구인지 밝히고, 좋아하게 된 이유를 말해야겠어.'라고 계획했다면 중간 부분에는 '내가 제일 좋아하는 그 가수의 노래와 그동안의 수상 내역, 그리고 그 가수가 인터뷰에서 말했던 좌우명 등을 밝혀야겠어.' 혹은 '노래를 직접 들려주거나 해외에서도 인기가 많은 모습을 담은 동영상을 보여줘야겠어.'라고 생각할 수 있어. 그리고 끝부분에는 '그 가수의 영향으로 내가 힘든 사춘기를 잘 겪어내고 있다는 것을 강조하고, 좋은 노래를 같이 공유했으면 좋겠다는 내용으로 마무리해야겠어.' 이런 식으로 내용을 조직하는 거지. 또한 이 단계는 어떻게 하면 더 인상적이고 효과적으로 대상을 소개할 수 있을지에 대한 방법을 구체적으로 고민해보는 단계이기도 해.

그럼 자신을 인상적으로 소개하는 방법에는 무엇이 있을까? 우선 좋은 인상을 주는 별명을 이용하는 방법이 있어. 예를 들어 "나는 얼굴이 동그랗고 잘 웃어서 '웃는 보름달'이라고 해."라고 소개할 수 있지. 또 웃음을 자아내는 표현을 이용하는 방법이 있어. "저는 이름이 하얀이인데, 얼굴은 까매서 별명이 '까만 하얀이'입니다."라고 하는 것처럼 말이야. 혹은 명언이나 격언 등을 인용할 수도 있어. 예를 들어 "저의 좌우명은 '시간은 금이다'입니다."라고 말하는 것이지. 이름으로 삼행시를 짓는 방법도 인상적으로 대상을 소개할 수 있는 방법이야.

또 다른 방법으로 보조 자료를 활용해 자신을 소개할 수도 있어. 즉 사진이나 동영상을 보여주며 상대방에게 인상적으로 소개하는 거지. 이뿐 아니라 말하는 과정에서 비언어·반언어적 표현의 적절한 활용이 중요하다는 것은 익히 알고 있지? 이때 비언어는 표정·몸짓·시선·손짓 등을 말하고, 반언어는 억양·세기·강약·어조 등을 말한다는 것도 꼭 알아둬.

소개 대상에 대한 정보를 모으고 조직해 인상적인 표현 방법을 계획했다면, 그다음에는 청자를 고려해 적절하게 말하면 된단다. 마지막으로 더 좋은 말하기를 하기 위해서 자신의 '소개하기'가 적절하게 이루어졌는지 점검하는 것도 중요해!

그럼 사람들과 '인상적으로 소개하는 말하기'를 하면 무엇이 좋을까? 서로 정보를 공유해 몰랐던 내용을 알게 되어 좋고, 정보를 공유하면서 대화를 하기에 더 친해져서 좋겠지. 이것이 소개하기의 유용성과 가치라고 볼 수 있어.

소개하는 말하기를 들을 때 유의할 점

- 소개하는 대상의 특성에 유의해 새롭게 알게 된 정보를 기억한다.

- 말하는 이의 말하기 태도를 평가하고, 자신의 말하기 태도를 되돌아본다.

- 말하는 이가 사용한 인상적인 표현을 살펴보고, 자신의 표현과 비교해본다.

- 말하는 이가 사용한 보조 자료가 내용에 적합하고 효과적이었는지 평가한다.

토의와 토론, 공통점과 차이점은 무엇인가요?

토의와 토론은 둘 다 집단적 말하기로, 문제를 해결하는 말하기 방식이다.
각각의 말하기 특성과 절차를 익혀 상황에 맞게 말해야 한다.

중학교에 들어가면 보통 교복을 입지? 교복을 입는 게 여러 가지로 장점도 많지만, 각자 개성을 살려 사복을 입고 싶은 친구들도 있을 거야. 이럴 경우 '획일적인 교복 대신 사복을 입어야 한다.'라는 주제를 가지고 의견을 나누어볼 수 있을 거야. 이때 집단적 말하기 중에서 토의가 적절할까, 토론이 적절할까?

또 다른 경우를 생각해보자. 수학여행은 생각만 해도 설레고 즐겁잖아. 만약 '수학여행 장소로 어디가 좋을까?'라는 주제로 이야기를 나누어 문제를 해결하려고 한다면 토의와 토론 중에 무엇이 적당할까?

토의는 공동의 문제를 해결하기 위해 서로 머리를 맞대고 최선의 해결책을 모색하는 협력적 말하기야. 즉 '수학여행 장소를 정하는 것'은 토의의 주제가 될 수 있지. 토의는 서로의 주장이나 의견이 다를 때 갈등이나 투쟁 등으로 문제를 악화시키지 않고, 문제를 해결하기 위해 활용하는 말하기 방식이니까 말이야.

그럼 토의가 진행되는 순서를 알아보자. 먼저 문제 상황을 살피고 문제를 확정해. 그리고 문제의 원인에 대해 이야기하며 문제를 이해하지. 그런 다음 참여자 각자가 가장 좋다고 생각하는 해결안을 적극적으로 제시해 해결안을 모색한단다. 마지막으로 해결안 중에서 가장 좋은 해결안을 찾지. 즉 최선의 해결안을 선택하는 거야.

살다 보면 사회적으로 중요한 문제뿐만 아니라 일상생활이나 학교생활을 하면서 일어나는 문제에 대해서도 찬반 의견이 명확하게 갈리는 경우가 많아. 이런 상황에서 자신의 주장만 고집한다면 말싸움이 일어나거나 관계가 틀어지기 쉬워. 이럴 때는 토론이 적합하단다. 토론은 찬성과 반대로 나뉘는 주제에 대해서 자신의 입장과 주장이 옳음을 증명하고, 상대편의 의견이 그름을 증명하는 공박적 말하기란다. 그래서 '교복 착용에 대한 논제'는 찬성과 반대로 나뉘니까 토론이 적절하지.

토론의 과정에서 중요한 것은 무엇인 거 같아? 무조건 자신의 입장만 주장하면 될까? 아니야, 주장이 설득력을 얻기 위해서는 논거가 타당하고 신뢰로워야 해. 예를 들어 '교복을 입는 것에 찬성한다.'라는 주장을 펼칠 때 '그냥 나는 교복이 좋다.'라는 주관적인 생각만 말하는 것은 적절할까? 교복이 학생들의 생활에 건전한 영향을 미친다는 것을 나타낸

통계자료, 전문가의 의견, 학생들의 설문 조사 결과 등을 적절한 근거로 제시할 때 주장은 설득력을 얻을 수 있어. 또한 토론을 할 때는 상대방의 논거가 정확한지, 믿을 수 있는지를 검증해야 해. 그렇지 못할 때는 어떻게 해야 할까? 논리적인 반박을 해야겠지.

토의와 토론은 논제의 성격이나 방법이 다르지만 민주적인 방법으로 갈등을 원만하게 조정하고 더 좋은 대안을 모색한다는 공통점이 있어. 또한 규칙과 질서를 지키고 다른 참여자를 존중해야 한다는 것도 꼭 기억해!

토의와 토론에서 사회자의 역할과 태도

토의에서의 사회자	토론에서의 사회자
• 토의 참여자들에게 토의 문제를 안내하고 문제의 범위를 정해준다. • 토의할 사항을 순서대로 제시한다. • 때때로 토의 내용을 요약하고 종합한다. • 토의 참여자들에게 발언 기회를 공평하게 준다. • 토의 참여자들 사이의 갈등과 의견 충돌을 조정하고 해결한다.	• 토론이 원만하게 진행되도록 공정성을 유지한다. • 토론이 열리게 된 배경과 토론의 논제를 소개한다. • 토론자를 청중에게 소개하고, 질문과 요약을 때때로 삽입하면서 토론의 진행을 돕는다. • 논제에서 벗어나면 논점을 다시 정리해서 알려준다.

강연은 어떻게 들어야 하나요?

강연은 청중 앞에서 체계적으로 설명하는 공식적인 말하기다.
청중은 강연의 내용을 이해하는 것이 목적이므로 적극적으로 들어야 한다.

　우리 친구들, 강연을 들어본 적 있니? 만약 강연을 들어본 적이 없다면 우리가 항상 듣는 학교 선생님의 강의 장면을 떠올려보아도 좋을 거야. 강연은 일정한 주제를 정해 그 주제에 대한 정보를 청중 앞에서 체계적으로 설명하는 공식적인 말하기야.

　그럼 강연의 목적은 정보 제공일까, 청자 설득일까? 맞아, 정보를 제공해서 청자를 이해시키는 것이 목적이야. 그러니 강연자는 청자를 더 쉽게 이해시키고 정보를 효과적으로 제공하기 위해 노력해야겠지.

　청자는 정보를 잘 수용하기 위해 적극적으로 강연자의 말을 들어야 해. 강연을 들을 때는 강연자가 말하는 중심 내용을 파악하는 게 우선이야.

어떻게 파악해야 하냐고? 먼저 강연의 중심 내용을 요약할 수 있어야 하는데, 그 방법으로 '삭제'가 있어. 중복되거나 중요도가 덜한 내용을 빼는 거지. 그리고 강연자가 말하는 내용을 사실과 의견, 주장과 근거, 일반적 원리와 뒷받침 사례로 구분해서 중요한 내용을 가릴 수 있어. 또한 강연자가 하는 말 중에 '첫째, 둘째, 셋째…'의 방식으로 주요 내용이 제시될 때 각각의 내용을 요약해 정리하는 방법도 있지.

다음 강연을 살펴보자.

> 옛 그림을 보여드리기 전에 우선 옛 그림의 감상 원칙을 짧게 말씀드리겠습니다. 첫째, 옛사람들의 시각으로 보고, 둘째, 옛사람들의 마음으로 느껴야 합니다. 예를 들면 이렇습니다. … 이상 말씀드린 내용을 요약하겠습니다. '그림과 1.5배 정도의 거리를 유지하고 왠지 마음이 끌리는 작품은 천천히 감상하시는 것이 좋다.' 그런 말씀을 드렸습니다.

이런 내용의 강연을 들었다고 할 때 먼저 '중심 화제'를 파악할 수 있어. 앞부분에 "말씀드리겠다." 하는 부분을 통해서 '옛 그림의 감상 원칙'을 말하려는 것인지 알 수 있지. 그리고 '첫째' '둘째'와 같은 표지를 통해서 옛 그림을 감상하는 원칙에 대한 정보를 간략하게 정리할 수 있어. 또한 "내용을 요약하겠습니다."라는 말을 듣고 중요한 내용을 다시 한 번 정리할 수 있단다.

또 다른 예로 강연자가 강연하며 이렇게 말할 수도 있어.

> 두 번째로 말씀드릴 중요한 문제는 옛 그림과 현대 그림의 차이입니다.
> 여러분, 옛날 그림은 긴데 현대의 그림은 넓습니다. 왜 그럴까요?

　강연자가 "중요한 문제"라고 언급한 부분은 특별히 중요한 내용을 짚어준다고 생각하면 돼. "왜 그럴까요?"라는 질문도 청자의 주의를 환기시키면서 포인트를 알려주니까 주목할 필요가 있지.
　그 밖에 강연을 듣는 바람직한 자세에는 무엇이 있을까? 맞아, 메모야. 우리의 기억력은 한계가 있기 때문에 중요한 내용은 메모하며 들어야겠지. 앞에서 말한 것처럼 중요한 내용을 구분해서 들어야 하고, 다음

에 이어질 내용을 예측해보면서 능동적으로 듣는 것도 중요해. 그리고 이해가 되지 않거나 궁금한 점은 메모해두었다가 강연이 끝난 후 예의를 갖추어 질문하는 것도 중요하지. 질문을 할 때는 상대방의 기분이 상하지 않게 그의 입장과 정서를 고려해서 말해야 해.

강연자는 청중이 강연의 내용을 잘 받아들이도록 쉽고 흥미로운 사례를 들어 설명하거나 청중의 주의를 환기시키기 위해 질문 던지기 방법을 사용할 수도 있어. 말뿐 아니라 사진이나 도표, 그림 등의 적절한 보조 자료를 활용하면 더 좋겠지. '첫째' '요약해서' '다시 말하면' 등의 표지를 사용해 청중이 내용을 잘 파악하도록 도와주는 것도 중요하단다.

이렇듯 강연은 강연자와 청중이 적극적으로 노력할 때 더욱 빛을 발할 수 있어. 어때, 어떻게 강연을 들으면 좋을지 이제 좀 알 것 같지?

강연을 들을 때 메모하는 방법

- 새롭게 알게 된 내용과 중요한 내용을 메모한다.
- 강연에 대해 궁금하거나 더 알고 싶은 내용을 메모한다.
- 강연자에게 질문한 내용이나 강연자와 생각이 다른 점을 메모한다.
- 중요한 내용에는 밑줄을 긋거나 'ㅇ' 'x' '?' '!' 등의 기호를 사용한다.

지역방언과 사회방언이란 무엇인가요?

화법을 다양하게 만드는 요인에는 지역적 요인과 사회적 요인이 있다.
서로 다른 화법에 따른 혼란을 줄이기 위해 정해놓은 것을 표준 화법이라고 한다.

은영이는 오랜만에 시골 할머니 댁에 갔어. 할머니가 은영이를 보며 "아이고, 우리 은영이 왔구나. 할머니가 정구지 부침개를 만들어주마." 라고 말씀하셨지. 은영이는 '정구지'가 무엇인지 몰랐어. 아빠에게 여쭈어보았더니 "아, '솔'을 말하는 거란다."라고 말씀하셨지. 그런데 은영이는 '솔'도 무엇인지 모르겠는 거야.

왜 은영이는 '정구지' '솔'이라는 말의 뜻을 모를까? 그건 지역적으로 쓰는 말에 차이가 있기 때문이야. '부추'를 경상도에서는 '정구지'라고 부르고 전라도에서는 '솔'이라고 불러. 이렇게 하나의 언어가 지역적으로 오랜 시간 격리되어 언어의 모습이 달라지는 것을 지역방언이라고 해. 흔히

'지역 사투리'라고 부르기도 하지.

그런데 지역방언에 한해서만 언어가 달라지는 것은 아니야. 은영이가 엄마랑 오랜만에 시장 구경을 갔다가 상인들끼리 하는 말을 들었는데, "이 바지 깔별로 세 고미 주세요. 그리고 대봉에 담아주시고 장끼 잊지 마세요."라고 말하는 거야. 분명히 우리말이긴 한데 의미를 전혀 파악할 수 없었지. 왜 그럴까? 그것은 상인들끼리만 쓰는 은어였기 때문이야. 즉 직업이 같은 사람들이 그들의 집단 내에서만 쓰는 말이었던 거야.

이렇게 하나의 언어가 연령·성별·사회집단·계층·직업 등에 따라 달라지는 것을 사회방언이라고 해. 사회방언의 종류에는 직업에 따라 달라지는 말도 있지만 세대에 따라 달라지는 말도 있어. 다음 대화를 살펴보자.

> 철수: 지난번 환갑 잔치 동영상을 CD로 구웠는데, 보여드릴게요.
>
> 할머니: CD를 구워? CD가 무슨 생선이냐? 나는 처음 들어보는 생선 이름인데….

즉 이렇게 세대에 따라서 말이 달라지는 것도 사회방언이야. 또 다른 예를 들어볼까? 여성이 남성보다 된소리를 많이 사용하고 표준 발음을 잘 사용한다고 해. 이런 성별의 차이도 사회방언이라고 할 수 있어.

이렇게 지역방언과 사회방언만 있다면 사람마다 다른 화법 때문에 원활하게 대화하거나 의사소통을 할 수 없을 거야. 그래서 전 국민이 공통적으로 사용하도록 규범으로 정한 말이 있어. 그게 바로 표준어야. 그런데 무엇을 기준으로 표준어를 정한 걸까? 표준어는 여러 계층의 사람들 중에 교양 있는 사람들이 쓰는 현대의 서울말을 기준으로 삼고 있어. 예를 들면 앞에서 나온 '부추' '정구지' '솔' 등의 말 중에서 '부추'를 표준어라고 정한 거지.

또한 호칭, 인사말, 높임 표현은 어떻게 하는 것이 바른지를 정해놓은 것을 표준 화법이라고 해. 집안에서 할아버지에게 "아버지가 안 들어오셨다."라고 말할 때 아버지를 높이지 않는 것을 '압존법'이라고 하는데, 이처럼 화법의 규칙을 정한 것을 표준 화법이라고 하는 거야.

그럼 표준어가 방언보다 더 우월한 걸까? 지역방언과 사회방언은 절대 쓰면 안 되는 것일까? 그렇지 않아. 방언은 같은 방언을 쓰는 사람들

끼리 친근함을 느끼게 하는 데 효과적이야. 또한 다양한 가치를 지니는 소중한 언어 문화이기 때문에 상황에 따라 표준어와 방언을 상호 보완적으로 사용해야 해. 모든 지역과 모든 계층의 사람을 대상으로 하는 공식적인 자리에서는 표준어를 사용하지만, 고향 친구를 만났을 때 등의 사적인 자리에서는 방언을 사용하는 것도 좋지.

　나와 다른 말을 사용한다고 해서 배척할 것이 아니라 다른 사람의 화법을 인정해주고, 이해하고 존중하는 태도가 원활한 의사소통 관계를 만든다는 것을 꼭 기억해.

주의해야 할 언어 표현

| 성차별적 표현의 사례 |

- 특정 성별이 다른 성별까지 포괄해 쓰이거나 성별 제시 순서가 차별적인 표현:

  형제애, 자매결연, 남녀, 신랑 신부, 부모

- 불필요하게 성별을 강조한 표현: 여교사, 여의사, 여검사

- 고정관념적 속성을 강조한 표현: 늠름하다, 앙칼지다, 집사람, 미망인

- 선정적 표현: 쭉쭉빵빵, 꿀벅지

- 특정 성별을 비하하는 표현: 여편네, 계집애, 마마보이, 놈팡이

우리의 전통적인
말 문화를 알아보자

우리 조상들은 말할 때 상대를 배려한 간접적이고 우회적인 표현을 선호했으며,
말을 통한 자기 수양과 대인 관계 형성을 중시했다.

우리는 지금 현대에 살고 있어. 그런데 요즘 우리 친구들의 화법, 그러니까 말하기 방식은 어떤 거 같아? 다음의 예를 읽어보며 요즘 친구들의 대화 방식을 한 번 생각해보자.

> 영희: 은지야, 이것 봐. 나 이번에 새 옷 샀는데 정말 잘 어울리지 않니?
> 난 정말 연예인 뺨치게 예쁜 거 같아. 음하하!
> 은지: 야! 솔직히 완전 구리거든. 거울을 좀 보고 말하라고!

제시된 예문은 친구들끼리 장난스럽게 하는 말일 수도 있어. 그렇지만 요즘 사람들 대부분이 일상적인 말하기에서도 자기 위주로 말을 많이 하고, 상대방을 배려하지 않고 말을 하는 경향이 있단다. 겸손한 태도를 취하기보다는 자기 자랑을 많이 하기도 해.

이러한 현대인들의 말하기 방식을 더 좋은 방향으로 바꾸기 위해서 우리는 전통적으로 이어져오는 조상들의 말하기에 집중할 필요가 있어. 그럼 우리 조상들의 전통적인 말하기 방식은 어땠을까? 우리가 국어 시간에 배우는 고전 문학을 보면 옛날 사람들의 삶의 모습이 잘 담겨 있잖아. 좀 더 유심히 보면 그 안에는 옛사람들의 말하기 방식 역시 담겨 있단다. 고전소설 『박씨전』에 이런 내용이 있지.

> 상공은 대적할 사람을 찾지 못해 늘 아쉬워하던 터라, 박 처사의 말을
> 듣고 마치 신선을 만난 듯 가슴에 기쁨이 넘쳐흘렀다.
>
> "신선과 인간의 길이 서로 다른데 이렇게 찾아주시니, 반가운 마음을
> 이루 말할 수 없습니다. 하지만 인간의 솜씨로 어찌 신선과 바둑을 대
> 적할 수 있을 것이며, 신선의 퉁소 소리에 화답할 수 있겠습니까?"

예문을 보면 상대방이 자신과 바둑 두기를 청한 것이 매우 기쁘면서도
겸손하게 자신은 대적할 상대가 안 된다고 말하고 있지. 이렇게 옛사람
들은 매우 겸손한 태도로 말을 했단다.

또한 옛사람들은 다른 사람에게 무언가를 부탁할 때도 매우 정중하게
말을 했어. 조선시대 왕의 일기라고 불리는 『일성록』을 보면 왕 정조가
신하에게 직책을 맡기는 부분이 나와.

> 경은 이번에 지방 관직으로 나가면 잠깐의 휴가를 얻는 격이겠지만 내
> 마음은 매우 서운하오. 황해도와 평안도가 근래에 형편이 매우 나빠졌
> 다고 하니, 경은 반드시 고질적인 폐단을 없앨 수 있도록 정사를 유념
> 해 시행하시오.

상대방에게 자신의 의도를 어떻게 전달하고 있니? 그래, 상대방의 기
분을 배려해 헤어짐이 몹시 섭섭하다고 먼저 말한 후 업무에 대해 정중

하게 부탁하고 있지.

이렇게 우리의 전통적인 말 문화에서는 하고자 하는 말을 직설적으로 하기보다 언제나 관계를 중시하고, 상대방의 마음을 배려해 완곡한 말하기를 주로 해왔어. 그리고 다른 사람 앞에서 자신을 내세우기보다 겸양의 태도로 말을 했단다.

요즘 현대인들의 화법에서는 이기적이고, 다른 사람을 배려하지 않는 모습이 많이 보여. 앞에서 말한 것처럼 전통의 말 문화를 배워 더 좋은 화법을 구사하는 것도 좋겠지. 그렇다고 무조건 현대의 말 문화가 안 좋고, 전통의 말 문화만 좋다는 것은 아니야. 전통의 말 문화에서 배울 점은 배워 더 좋은 말 문화를 만들어나가자는 취지를 기억하자고!

말과 관련된 관용 표현

우리는 전통적으로 '말'을 중요하게 여겨왔기 때문에 그와 관련된 관용 표현이 많다. 여기에서 한번 알아보도록 하자.

- **낮말은 새가 듣고 밤말은 쥐가 듣는다**: 아무도 듣지 않는 곳일지라도 말조심을 해야 한다.

- **말 많은 집은 장맛도 쓰다**: 집안에 잔말이 많으면 살림이 잘 안 된다.

- **말이 많으면 실언이 많고 군말이 많으면 쓸 말이 적다**: 하지 않아도 될 말을 이것저것 많이 늘어놓으면 그만큼 쓸 말은 적어진다. 또는 말을 삼가야 한다.

- **말이란 아 해 다르고 어 해 다르다**: 같은 내용이라도 말로 표현하는 방법에 따라서 아주 다르게 들린다.

- **가는 말이 고와야 오는 말이 곱다**: 스스로 남에게 말이나 행동을 좋게 해야 남도 자기에게 말이나 행동을 좋게 한다.

- **가루는 칠수록 고와지고 말은 할수록 거칠어진다**: 말은 길어질수록 시비가 붙을 수 있고 마침내 말다툼까지 가게 되니, 되도록 말을 삼가야 한다.

- **말 한마디에 천 냥 빚도 갚는다**: 말을 잘하면 어려운 일이나 불가능해 보이는 일도 해결할 수 있다.

협상을 원활하게 하기 위한 방법에는 무엇이 있을까요?

협상이란 의견 차이나 갈등을 해소하기 위해 당사자나 대표가 협의하는 일을 말하며, 진행 절차에 따라 원활하게 협상해야 한다.

만약 방을 혼자 쓰지 않고 언니나 형, 동생이랑 같이 쓴다고 가정해보자. 나는 반드시 불을 꺼야 잠을 잘 수 있는데 언니가 늦게까지 불을 끄지 않고 공부를 하거나 컴퓨터를 한다고 할 때 어떤 마음이 들어? 마음이 상해서 언니가 밉다는 생각이 들지도 몰라. 다른 사례를 생각해볼까? 서울시에서 하수처리장을 우리 마을에 건립한다고 하면 어떨까? 아마 기피시설이기 때문에 마을 주민들은 반대를 할 거야. 이런 상황은 어떻게 해결하면 좋을까?

이처럼 개인이나 집단 사이에는 수없이 많은 갈등이 존재해. 그럴 때마다 끝까지 자기 주장만 하거나 감정이 상한 끝에 치고 박고 싸울 수는 없잖아. 그래서 '협상'이 필요하단다. 그럼 협상은 어떻게 진행될까?

협상은 갈등과 문제 상황에 필요한 절차야. 그래서 첫째, 문제 상황을 찾아야 하지. 예를 들어 철수는 컴퓨터 게임을 많이 하고 싶은데, 엄마는 못하게 해. 이럴 때가 철수와 엄마가 서로 갈등하는 상황인 거야.

둘째, 문제를 분석한단다. 철수는 문제 상황에 대해 이렇게 생각할 수 있어. '엄마는 내가 게임보다는 공부를 하길 바라시고, 나는 게임을 하고 싶지. 서로 원하는 게 달라서 갈등이 생겼고 엄마와 크게 다투기도 해서 서로 사이가 멀어졌어. 하지만 해결하지 못할 문제는 아니니까 해결을 시도해볼 수 있지.' 하고 말이야. 이게 바로 문제를 분석하는 거란다.

셋째, 서로 의견을 교환해. 시간과 장소를 정해서 각자의 의견을 교환하

는 거지. 엄마는 "엄마는 철수가 하루에 컴퓨터를 30분만 했으면 좋겠고, 책은 일주일에 3권을 읽었으면 좋겠구나."라고 말하고, 철수는 "저는 하루에 컴퓨터 게임을 2시간은 했으면 좋겠어요. 책은 일주일에 한 권만 읽고 싶어요."라고 의견을 말할 수 있어.

넷째, 상대방의 의견을 이해하는 거야. 철수와 엄마가 서로 대화를 한다면 엄마는 중요한 시기니까 게임보다는 독서가 중요하다고 말씀하실 거야. 철수는 컴퓨터 게임을 하는 즐거움도 독서의 중요성도 모두 알고 있다고 말할 수 있겠지. 그런 다음 서로 양보할 것과 끝까지 양보할 수 없는 것을 결정해.

다섯째, 협의와 조정을 통해 문제를 해결하고 합의안을 작성한단다. 예를 들면 철수와 엄마가 서로 협의 끝에 컴퓨터 게임은 하루에 한 시간 하고, 책은 일주일에 한 권 읽는 방향으로 의견을 모으고 결정하는 것이 이 단계에 속해. 서로 양보한 부분도 있고, 얻은 이익도 있지.

마지막으로 협상의 과정을 평가해. 협상의 최종 과정이지. 협상의 평가 기준은 협상이 잘 이루어졌는지 평가할 때 우리가 주의해야 할 부분이야.

협상 평가 기준

- 협상의 규칙과 절차를 준수했는가?
- 상대방을 설득하기 위한 협상 전략을 활용했는가?
- 상대방을 존중하는 표현 방법을 사용했는가?
- 협상을 통해 문제를 합리적으로 해결했는가?

그럼 협상에 임할 때는 어떤 자세로 임해야 할까? 상대방의 의견을 존중하는 표현을 사용하고, 경청하는 태도를 갖추어야 해. 갈등 상황이 생겼을 때 두 집단이 서로의 이익을 보장하면서 의견을 조정해 갈등을 해결하는 협상은 매우 효과적이고 민주적인 문제 해결 방법이란다.

상대방에게 존중을 표현하는 방법

- 표정·시선·몸짓 등 비언어적 표현을 효과적으로 활용한다.

- 상대방의 의견을 요약함으로써 그 의견을 경청·존중하고 있음을 보여준다.

- 상대방의 의견이 가지는 의의를 언급해 상대방의 처지에 대한 공감을 표현한다.

정보 전달의 글, 설득의 글, 정서 표현의 글 등

다양한 유형의 글을 읽기 목적과 상황을 고려해

적절한 읽기 전략을 사용해서 읽는 방법을 공부해요.

또한 글을 비판적·능동적으로 읽는 방법과

올바른 읽기 태도를 살펴보는 부분이에요.

2장

읽기를 잘하면
국어가 쉬워진다

읽기의 원리와
과정은 뭘까요?

읽기는 자신의 배경지식을 적극적으로 활용해서
글의 의미를 능동적으로 이해하고 재구성하는, 역동적인 사고의 과정이다.

우리는 살면서 읽기 활동을 참 많이 하지? 그런데 읽기란 것은 무엇일까? 읽는다는 것은 단순히 글자를 읽으며 글에 담긴 정보를 수용하는 것만이 아니야. 진정한 읽기는 다른 개념이란다. 다음의 상황을 생각해 볼까?

가끔 공중 화장실에 가면 이런 문구를 볼 때가 있을 거야. "아름다운 사람은 머문 자리도 아름답습니다." 이 문구를 보면 무슨 생각이 드니? 당연한 이야기를 한다고 생각할 수도 있고, 좋은 문구를 써놓았다고 생각할 수도 있을 거야. 그리고 이때 자신의 경험을 떠올리기도 하지. 화장실에 갔을 때 화장실이 깨끗하면 기분이 좋지만 화장실이 더러우면 불쾌

하기도 하고 이전에 사용했던 사람이 못마땅하게 여겨졌던 경험 말이야. 이런 걸 바로 배경지식이라고 해. 우리는 이런 배경지식을 활용해 문장을 이해한단다.

다시 말하면 우리는 화장실에 붙은 문구를 보고 자신의 경험을 떠올려 '맞아, 화장실을 깨끗하게 사용하면 다음 사람의 기분이 좋아지지.'라고 생각할 수 있어. 그다음 왜 화장실에 이런 문구를 써놓았을까를 생각하다가 '아! 화장실을 깨끗하게 사용해달라는 요청이구나!' 하고 알게 되는 거지. 이게 바로 읽기야. 글쓴이가 쓴 글의 의미를 넘어 자신의 배경지식을 적극적으로 활용해서 글쓴이의 의도까지 파악하는 것이 진정한 의미의 읽기인 거지.

잘 이해가 되지 않니? 그럼 다른 예를 하나 더 들어볼게. 『이솝우화』의 「양치기 소년」 읽어봤어? 「양치기 소년」을 읽으면서 우리는 기본적인 줄거리를 파악하고, 왜 소년이 거짓말을 했는지, 소년이 거짓말을 하지 않았다면 어떻게 되었을지를 상상하기도 하지. 혹은 거짓말이 무조건 나쁜 것은 아니지 않냐며 비판적 시각으로 바라볼 수도 있어. 또 자신이 양치기 소년이었다면 어떻게 했을지 생각하기도 해. 이처럼 읽기란 자신의 배경지식을 바탕으로 글에 담긴 의미를 이해하고 구성하는, 능동적이고 역동적인 행위라고 할 수 있어. 즉 읽는다는 것은 작가와 독자가 글을 사이에 두고 적극적으로 상호작용하는 과정이라고 볼 수 있지.

그렇다면 읽기의 과정은 어떻게 될까? 우선 글을 읽기 전에는 글의 제목을 보고 배경지식을 활성화하면서 어떤 내용의 글일지 예측하게 돼. 그다음 글을 읽는 중에는 글의 내용을 본격적으로 파악하지. 자신이 예측한 내용이 맞는지, 잘못된 점은 없는지, 자신의 생각과 다른 점은 없는지 등 글 속에 나와 있지 않은 내용을 채우면서 읽는 거지. 또한 글의 종류에 따라 읽기 방법을 달리 해서 적극적으로 읽는 게 좋아. 다 읽은 다음에는 글쓴이가 말하고자 하는 중심 내용을 최종적으로 정리하면서 자신의 독서 과정을 점검하고 돌아보면 된단다.

이제 알겠지? 읽기는 수동적인 과정이 아니라 독자 역시 많은 역할을 담당하고 움직여야 하는 능동적인 과정이라는 것을 말이야. 이렇게 읽기를 마치고 나면 글의 내용을 바탕으로 자신만의 내용이 다시 만들어진다는 것도 기억해두렴.

목적에 따른 읽기의 방법

- **음독(音讀):** 소리 내어 읽는 방법으로, 내용이 머릿속에 잘 안 들어올 때나 글의 내용을 음미하기에 알맞음

- **묵독(默讀):** 소리를 내지 않고 눈으로만 읽는 일반적인 독서 방법

- **통독(通讀):** 처음부터 끝까지 전체를 한 번에 훑어 읽는 방법으로, 글의 줄거리나 윤곽을 파악하기에 알맞음

- **정독(精讀):** 글의 의미를 깊이 새기면서 세밀하게 읽는 방법으로, 학과 공부와 같이 글의 내용에 대한 자세한 이해가 필요할 때 알맞음

- **속독(速讀):** 빠른 속도로 읽는 방법으로, 신문·잡지 등 비교적 가벼운 글을 읽기에 알맞음

- **발췌독(拔萃讀):** 필요한 부분만 뽑아서 읽는 방법으로, 사전과 같이 필요한 부분만 찾아 읽을 때 알맞음

능동적인 읽기, 이렇게 하면 좋아요

읽기의 목적은 글쓴이의 의도와 중심 생각을 파악하는 것이다.
효과적인 읽기 방법에는 예측하기, 질문하기, 메모하기 등이 있다.

왜 사람들은 글을 읽을까? 그건 글의 주제를 파악하고 글 속에 담긴 글쓴이의 의도를 이해해 자신이 원하는 읽기의 목적을 이루기 위해서야. 그런데 어린아이들처럼 단순히 글자를 읽고 의미를 겨우 해독하는 정도로는 절대로 글을 자신의 것으로 만들 수 없어. 그래서 글을 읽을 때는 능동적이고 적극적인 노력이 필요하단다.

그럼 능동적인 읽기는 어떻게 하는 걸까? 능동적인 읽기의 방법에는 예측하기, 메모하기, 자신의 지식이나 경험 활용하기, 친구들과 토의하기 등의 방법이 있어. 이러한 능동적인 읽기의 각각의 방법은 중학 국어 전 과정에서 하나의 단원으로 소개될 만큼 굉장히 중요하단다. 오죽하면 활동하기를 통해 연습도 할 수 있게끔 되어 있겠니.

　중요한 부분이니 능동적인 읽기의 방법을 좀더 자세히 알아볼 건데, 이해하기 쉽게 글을 읽기 전과 읽는 중, 그리고 읽은 후로 나누어서 각 과정에 활용할 수 있는 방법들을 살펴보는 게 좋겠지? 앞서 읽기의 과정을 설명하면서 간단하게 언급했으니 그리 어렵지는 않을 거야.

　우선 글을 읽기 전 처음 글을 보면 뭐가 보이니? 제목이 보이지? 본격적으로 글을 읽기 전에 글의 제목을 보고 내용을 예측하는 작업은 능동적인 읽기에 도움이 된단다. 예를 들어 "청소년의 인터넷 언어, 이대로 괜찮은가?"라는 제목이 보이면 '요즘 많이 쓰는 인터넷 언어에 대해 말하는 건가?'라고 생각해보고, 얼마 전에 보았던 프로그램의 내용을 떠올려보기도 하면서 배경지식을 확충해나가는 거지. 만약 별다른 배경지식이 없다면 관련 내용이나 글쓴이에 대해 찾아보면서 적극적으로 배경지식을 만들어보는 것도 좋아.

　읽는 중에는 어떻게 하는 게 좋을까? 글을 읽어나가면서 다양한 질문을 해보는 거야. 그냥 '아~ 그렇구나.' 하고 무조건 읽는 것이 아니라 이해가 되지 않는 부분, 좀더 살펴봐야 할 부분, 더 알고 싶은 부분에 대해 끊임없이 질문해보는 거지. 물론 그에 대한 답을 글 속에서 찾으면서 읽는 것이 좋아. 하지만 우리의 기억력에는 한계가 있으니 중요한 부분, 더 조사할 내용, 궁금한 내용 등은 메모해두는 것이 좋겠지? 여기에서 메모는 글로 적는 것뿐 아니라 밑줄 긋기, 기호로 표시하기 등이 다 포함돼.

　글을 다 읽은 후에도 질문은 계속 이어지겠지? 특히 '이 글이 독자와 사회에게 주는 영향력은 무엇인가?' '글쓴이의 의도는 무엇인가?' 등의 종합적인 질문이 이어질 수 있어. 이런 질문을 진지하게 고민해보는 것도 능동적인 읽기의 한 방법이야. 또한 글의 내용과 관련된 자료를 더 찾아보거나 같은 글을 읽은 다른 사람들과 의견을 주고받으며 토의하는 것도 큰 도움이 돼. 읽을 때는 미처 몰랐던 내용을 알게 되어 글을 보다 깊이 있게 이해할 수 있거든.

이게 바로 능동적이고 적극적인 읽기야. 이해하기 쉽게 임의로 읽기 전과 읽는 중, 읽은 후로 구분해 읽기의 방법을 살펴봤지만, 실제로 책을 읽을 때는 모든 방법을 전 과정에서 다 활용할 수 있으니 기억해둬. 참고로 능동적이고 적극적인 자세는 말하기·듣기·읽기·쓰기 외에도 문학에서의 적극적인 감상 등 모든 부분에서 권장되는 태도로, 능동적인 읽기는 늘 긍정적으로 서술된다는 점도 알아두자.

능동적인 읽기 관련 질문의 종류

- 글에 관련된 질문

  예 이 글의 중심 내용은 무엇인가?

  '진정한 읽기란 무엇일까?'라는 제목으로 보아 이 글은 어떤 내용을 담고

  있는가?

- 글쓴이에 관련된 질문

  예 글쓴이는 어떤 사람인가?

  글쓴이의 의도와 목적은 무엇인가?

- 독자와 관련된 질문

  예 이 글의 내용을 얼마나 이해하고 있는가?

  이 글에서 인상 깊었던 내용은 무엇인가?

- 맥락과 관련된 질문

  예 이 글을 어떤 사람에게 추천할 수 있는가?

  이 글은 사회에 어떤 영향을 미치는가?

읽기의 가치와
중요성은 무엇일까요?

읽기는 다양한 지식·정보뿐만 아니라 감동·깨달음·즐거움을 주는 가치 있는 활동이다.
그러므로 항상 읽기를 생활화해야 한다.

　　우리 친구들, 지금 뭐하고 있어? 책을 통해 선생님을 만나고 있으니
당연히 독서 중일 거야. 우리 친구들은 왜 책을 읽고 있을까? 아마 국어
과목에 대한 개념을 잘 다지기 위해서, 즉 지식을 쌓기 위해서 책을 읽고
있을 거야. 독서가 중요하다는 사실은 워낙 많이 들어서 알고 있지? 이번
에는 우리가 왜 독서를 해야 하는지, 그리고 독서를 생활화하기 위해서
는 어떻게 해야 하는지 알아볼 거야.

　　학교에서 배우는 모든 과목에는 교과서가 있어. 그 교과서로 공부를
하고, 시험 기간에는 교과서의 내용을 암기하기도 하지. 국어 과목을 더
잘하고 싶은 친구들은 이 책처럼 해당 과목의 내용이 담긴 책을 읽을 수

도 있고, 모르는 내용을 해결하기 위해 책을 읽기도 해. 이처럼 우리는
독서를 통해서 지식을 얻을 수 있어.

　하지만 독서가 지식 전달만 하는 것은 아니야. 우리는 현재 경쟁 사회
속에서 무조건 더 많이 소유하려 하고, 남을 이기려고 하면서 아등바등
살고 있어. 여기에서 삶의 고민과 억압이 발생하지. 그런데 법정 스님의
「무소유」라는 수필을 읽으면 인생에서 진정한 자유가 무엇인지 생각하
게 되고, 무소유를 통해 평안을 얻을 수 있음을 깨닫게 돼. 그러면서 우
리 삶의 기준과 가치에 대해서 다시 생각하게 되지. 허균의『홍길동전』을
보면서 불의에 저항하는 삶의 정신을 알게 되고, 하근찬의『수난이대』를
읽으면서 우리 민족의 아픔을 어떻게 극복해나가야 하는지를 생각하게

돼. 즉 독서는 우리 삶에 깨달음을 주고 인생의 진리를 터득하게 한단다.

또한 우리는 작가가 말하고자 하는 바를 아주 긴밀하고 압축적으로, 그리고 효과적으로 드러낸 글을 읽으며 미적 쾌감을 느끼기도 해. 아름다운 것을 보면 기분이 좋아지듯이 잘 정돈된 글을 읽으며 즐거움을 느끼는 거지. 기형도 시인은 엄마가 늦게까지 오지 않아 무섭고 쓸쓸한 어린아이의 마음을 자신의 시 '엄마생각'에서 이렇게 노래했어. "열무 삼십단을 이고 / 시장에 간 우리 엄마 / 안 오시네, 해는 시든 지 오래 / 나는 찬밥처럼 방에 담겨 / 아무리 천천히 숙제를 해도 / 엄마 안 오시네" 이렇게 독서는 감동과 깨달음을 주는 동시에 미적 쾌감과 즐거움을 주기도 해.

성석제 작가는 「맛있는 책, 일생의 보약」이라는 수필에서 "읽기는 정신세계가 넓어지고 수준이 높아지게 한다. 책은 인간다운 삶과 가치를 추구하는 방법을 일깨워 주는, 진정한 인간으로 나아가는 통로다."라고 말했어. 그럼 이렇게 소중한 가치를 지닌 읽기를 어떻게 하면 생활화할 수 있을까?

읽기의 생활화는 기본적으로 책을 가까이하는 습관에서 시작돼. 도서관을 자주 찾는다든지 서점에 자주 간다든지 해서 항상 책을 가까이 접해야겠지. 그리고 도서관을 활용하고 독서 동아리, 독서 토론 등 다양한 활동을 통해 책 읽기를 생활화하는 것이 좋겠지.

독서의 가치와 독서를 생활화하는 방법은 중학 국어 과정에서 꼭 다루는 내용이니 잘 알아두자.

책 읽기와 관련된 한자성어

- **주경야독(晝耕夜讀)**: 낮에는 농사를 짓고 밤에는 글을 읽는다는 뜻으로, 어려운 여건 속에서도 꿋꿋이 공부함을 이르는 말

- **등화가친(燈火可親)**: 등불을 가까이할 수 있다는 뜻으로, 가을 밤은 시원하고 상쾌(爽快)하므로 등불을 가까이해 글 읽기에 좋음을 이르는 말

- **위편삼절(韋編三絕)**: 공자가 주역을 즐겨 읽어 책의 가죽끈이 3번이나 끊어졌다는 뜻으로, 책을 열심히 읽음을 이르는 말

- **독서백편의자현(讀書百漏義自見)**: 어려운 글도 자꾸 되풀이해 읽으면 그 뜻을 스스로 깨우쳐 알게 된다는 말

책 읽기와 관련된 명언

- 좋은 책을 읽는 것은 과거의 가장 뛰어난 사람들과 대화를 나누는 것과 같다.

  _데카르트

- 독서는 완성된 사람을, 담론은 재치 있는 사람을, 필기는 정확한 사람을 만든다.

  _베이컨

정보를 전달하는 글 읽기, 이렇게 하면 좋아요

글을 효과적으로 읽기 위해서는 글의 목적에 따라 읽어야 한다.
정보를 전달하는 글이라면 정보를 중심으로 필요한 정보를 찾으며 읽어보자.

　부모님께 최신 휴대 전화를 선물 받았다고 생각해보자. 기분이 얼마나 좋을까? 휴대 전화에 어떤 기능들이 있을지 궁금하기도 하고 얼른 사용하고 싶을 거야. 그럼 어떻게 할까? 맞아, 휴대 전화 사용 설명서를 읽겠지. 사용 설명서를 읽으며 해당 기기의 작동법, 기능, 주의할 점 등에 대한 정보를 얻을 수 있을 거야.

　그러면 이렇게 정보를 얻기 위한 글의 목적은 무엇일까? 사용 설명서에 담긴 내용, 즉 휴대 전화가 어떻게 구성되어 있는지, 카메라의 화소는 얼마인지, 작동 방법 같은 것들은 어떤 사람의 의견일까, 아니면 사실일까? 혹은 사람마다 다르게 생각되는 것일까, 아니면 누가 봐도 동일한 내용일까? 다음 내용을 살피며 이 질문들에 대한 답을 찾아보자.

　정보를 전달하는 글에는 개인의 주관적인 의견보다는 누구나 동일하게 인식하는 객관적인 정보가 들어 있어. 그 정보는 사실적이고 정확한 내용을 바탕으로 하지. 그럼 이런 글을 읽는 사람들은 무엇을 얻을 수 있을까? 맞아, 독자는 새로운 정보를 얻어 몰랐던 내용을 알고 이해할 수 있게 돼. 동영상 촬영을 어떻게 하는지 몰랐는데 설명서를 읽고 동영상 촬영 방법을 알게 되는 것처럼 말이야. 이게 바로 정보를 전달하는 글의 목적이야.

　정리하면 글쓴이는 읽는 이에게 정보를 알려주고 이해시키기 위해서 정보 전달의 글을 쓰는 것이고, 독자는 필요한 정보를 수용하고 이해하

기 위해서 정보 전달의 글을 읽는 것이란다.

정보를 전달하는 글은 설명문·안내문·보고문·기사문 등 다양해. 하지만 이들은 모두 정보와 지식 등을 제공해 독자를 이해시키고자 하는 목적을 지니고 있어. 그럼 독자를 좀더 쉽게 이해시키기 위해서는 어떻게 해야 할까? 독자의 수준에 맞게 쉽게 설명해야겠지. 또한 산만하게 설명하는 것이 아니라 체계적으로 '처음-중간-끝'의 구성을 갖추어서 설명해야 할 거야. 이뿐 아니라 예시를 들어 설명하거나 다른 대상과 비교해서 설명하는 등 다양한 설명 방법을 사용하면 좋아. 그래야 정보가 효과적으로 전달되니까.

반대로 정보를 전달하는 글을 읽을 때는 어떻게 하면 좋을까? 정보를 자신의 것으로 만들고 좀더 잘 이해하기 위해서는 자신이 필요한 정보를 잘 살펴보고 정리해야 해. 제공되는 정보를 잘 이해하기 위해 밑줄을 긋거나 메모를 하면서 읽는 것도 좋은 방법이야. 또 '처음-중간-끝'에 드러난 핵심 내용들을 요약하면서 읽는다면 필요한 정보를 파악하는 데 도움이 될 거야. 설명문은 주로 '처음'에는 설명 대상을 소개하고, '중간' 부분에서 대상에 대한 구체적인 설명을 해. 그리고 '끝'에서 내용을 요약하고 정리하지. 그러니 이런 체계를 잘 파악해 정리하며 읽는다면 더 좋겠지?

설명문에 담긴 정보는 사실을 바탕으로 한 객관적인 정보일 확률이 높지만, 그래도 읽으면서 내용이 정확하고 신뢰성이 있는지 판단하며 읽는 것이 중요해. 어쨌든 사람이 쓴 것이니 내용에 문제가 있을 수도 있으니까. 만약 글을 읽으면서 더 알고 싶은 내용이 있다면 따로 메모해서 찾아

봐도 좋아. 해당 정보에 대한 풍부한 지식을 얻을 수 있을 거야. 설명문을 읽을 때는 어떤 대상에 대해 무엇을 설명하고 있는지를 파악하는 것도 중요해. 즉 정보 위주의 글을 읽을 때는 정보를 중심으로 읽어야 한다는 사실을 꼭 기억해!

설명문과 논설문의 차이점

설명문	논설문
• 객관적인 정보가 중심이다. • 독자 이해가 목적이다. • 정보의 객관성 · 사실성 · 정확성이 중요하다. • 필요한 정보를 수용하며 읽어야 한다.	• 주관적인 의견이 중심이다. • 독자 설득이 목적이다. • 의견과 근거의 명료성 · 타당성 · 신뢰성이 중요하다. • 문제 해결에 적합한지 판단하며 비판적으로 읽어야 한다.

설명하기 위한 방법에는 어떤 것들이 있나요?

설명하는 글은 무언가를 알기 쉽게 풀어서 알려주고 독자를 이해시키는 글이다.
이때 다양한 설명 방법을 알아두면 글의 내용을 이해하는 데 도움이 된다.

우리 친구들, 설명이 뭘까? 앞에서도 나오긴 했지만 설명은 상대가 잘 알지 못하는 어떤 대상에 대한 지식이나 정보를 알기 쉽게 풀어서 전달해주는 것을 말해. 만약 친구들이 어떤 것을 설명한다면 전달 내용을 조금이라도 더 효과적으로 전달하고 싶지 않을까? 그래서 무언가를 설명할 때는 다양한 설명 방법을 사용해. 물론 이때 사용되는 설명 방법은 설명문뿐만 아니라 일상생활에서도 많이 사용된단다. 그럼 어떤 설명 방법들이 있는지 자세히 살펴보자.

설명 방법은 크게 시간의 영향을 받지 않는 정태적 설명 방법과 시간의 흐름에 영향을 받는 동태적 설명 방법이 있어. 정태적 설명 방법부터 살펴보자. 정태적 설명 방법에는 정의·예시·비교·대조·분류·분석·묘사가 있어. 뭔가 많지? 어렵지 않으니 차근차근 알아보자.

먼저 정의는 'A는 B다'의 형태로 설명하는 거야. 예를 들어 "역사는 과거에 일어난 일, 또는 그 기록을 의미한다."처럼 어떤 것을 뜻매김하거나 용어의 뜻풀이에 많이 활용해.

그다음으로 굉장히 많이 쓰는 설명 방법이 바로 예시야. 이해하기 쉽도록 구체적인 예를 들어 설명하는 건데 주로 '예를 들어, 예를 들면, 예컨대'와 같은 문구와 함께 쓰여. 눈치챘겠지만 선생님도 설명할 때 예를 굉장히 많이 들어.

또 비교와 대조가 있어. 2가지 다 둘 이상의 대상을 설명할 때 사용하는 방법이야. 그럼 비교와 대조는 어떻게 다를까? 다음 문장을 통해 살펴보자.

> 소설과 희곡은 둘 다 서사적이고 허구적이라는 공통점이 있지만, 소설은 서술자가 있는 반면 희곡은 서술자가 없다.

위 문장을 보면 소설과 희곡이라는 두 대상의 공통점에 주목해서 설명한 부분이 있지? 그게 바로 비교야. 반대로 '반면'이라는 표현을 사용해 두 대상의 차이점에 따라 설명한 것을 대조라고 해. 조금 구분이 되니?

이 외에도 우리가 많이 헷갈려하는 설명 방법에는 분류와 분석이 있어. 먼저 분류는 여러 가지 대상이 있을 때 어떤 기준을 세워 대상들을 항목

화해서 하나로 묶는 설명 방법이야. 예를 들어 세상에는 정말 많은 시계가 있지. 선생님 집만 해도 시계가 5개는 넘을 거야. 그 많은 시계들을 용도에 따라 벽시계, 탁상 시계, 손목 시계 등으로 나누어 묶는 것이 바로 분류야.

그럼 분석은 뭘까? 분석은 하나의 대상을 부분으로 쪼개서 설명하는 거야. 시계라는 하나의 대상을 부분으로 쪼개봐. 시계판, 시침, 분침, 초침, 숫자 등으로 나누어지지? 이런 걸 분석이라고 해. 즉 분류와 분석은 시작이 달라. 분류는 여러 개의 대상을 나눈 것이고, 분석은 하나의 대상을 쪼갠 거라는 점 잘 알아둬.

정태적 설명 방법의 마지막은 묘사야. 어떤 대상의 모습이나 움직임, 특징 등을 마치 그림을 그리듯이 나타내는 설명 방법이지. 예를 들어 "큰 키에 얼굴이 하얀 남자가 서 있었다. 움푹 패인 눈에는 눈물이 고여 있었고, 볼은 빨갛게 상기되어 있었다. 아랫입술은 매우 얇았다."라고 쓰인 글이 있다고 생각해보자. 어때, 한 사람의 얼굴이 그려지지 않니? 이게 바로 묘사야.

다음으로 동태적 설명 방법을 알아보자. 동태적 설명 방법에는 서사·과정·인과가 있어. 먼저 서사는 사건이나 행동을 시간의 흐름에 따라 이야기하듯이 설명하는 방법이야. 예를 들어 "나는 집에서 나와 전철을 타고 강남역에서 내렸다. 11번 출구로 나와 한참을 걸어 영화관에 도착했다."와 같은 문장이 서사를 활용한 설명이란다.

과정은 약간 달라. 단순히 시간의 흐름에 따른 설명이 아닌 어떤 목표나 결과를 염두에 두고 절차와 순서를 설명하는 방법을 과정이라고 해. 예를 들면 라면 끓이는 방법, 과학 실험 절차와 같이 절차와 순서가 있는 것들이 과정을 활용한 설명이야. 인과는 원인과 결과에 따라 내용이 전개되는 것을 말해. 원인이 항상 먼저 오고 그다음에 결과가 오기 때문에 시간의 흐름에 영향을 받는다고 볼 수 있지.

이와 같은 설명 방법은 '설명 방법'이라는 말 말고도 '내용 전개 방법' '내용 전개 방식' '진술 방식' 등 다양한 말로 언급될 수 있다는 것도 알아두자.

지식 더하기

그 밖의 설명 방법

- 이 건물의 1층은 햄버거 가게이고, 2층은 영어 학원이며, 3층은 커피숍이다.

  ⋯▸ 열거: 내용적으로 비슷하거나 대등한 말을 나열해 설명하는 방법

- 소크라테스가 "너 자신을 알라."라고 말한 것처럼 우리는 우리 자신에 대해 파악하는 것이 중요하다.

  ⋯▸ 인용: 어떤 대상을 이해하는 데 도움이 되는 다른 사람의 말이나 글을 가져와 설명하는 방법

주장하는 글 읽기, 이렇게 하면 좋아요

주장하는 글은 자신의 생각이나 주장을 근거를 통해 논리적으로 설득하는 글로, 주장과 근거가 핵심이고 독자를 설득하고자 하는 전략을 담고 있다.

읽기 제재에서 문학을 제외하고 가장 많이 만나게 되는 글의 종류는 논설문과 설명문이야. 그 중에서 논설문으로 많이 나오는 주장하는 글에 대해 살펴보자. 주장하는 글은 말 그대로 글쓴이가 자신의 주장을 나타낸 글이야. 예를 들어 '환경을 보호하자' '차별 없는 사회를 만들자' 등의 내용을 담은 거지.

그런데 왜 주장을 할까? 그건 자신의 글을 읽는 사람들이 자기와 같은 생각을 하고, 그렇게 행동하기를 바라서일 거야. 그럼 무조건 목소리만 높여 주장하면 될까? 주장을 할 때는 반드시 주장의 이유, 사람들이 동조해야 하는 이유를 밝혀야 하는데, 그게 바로 근거야.

그래서 주장하는 글의 핵심 요소는 주장과 근거야. 절대로 주장만 해서는 안 되고 이를 뒷받침할 근거가 있어야 해. 쉽게 정리하면 주장하는 글은 자신의 생각과 의견을 근거를 통해 증명하고, 독자의 생각이나 행동이 바뀌도록 설득하는 글이야. 여기서 핵심어는 '주장·근거·설득'이야. 주장하는 글에도 논설문, 신문 사설, 평론, 연설문 등 여러 가지 종류의 글이 있어. 즉 이 글들은 모두 주장과 근거를 담았겠지.

그럼 주장하는 글은 어떻게 구성될까? 주장하는 글은 '처음-중간-끝'의 구성을 가진다고도 하고, '서론-본론-결론'의 구성을 가진다고도 해. 글의 구성을 잘 파악해야 글의 핵심 내용을 효과적으로 이해할 수 있단다. 여기서는 '서론-본론-결론'의 구성을 자세히 살펴보자.

서론에는 글의 화제, 글을 쓴 동기, 그리고 문제 상황이 들어가. 문제 상황이 왜 들어가는지 의아할 수도 있을 거야. 문제 상황이 들어가는 이유는 주장한다는 것은 현재 상황에 못마땅한 점이 있다는 뜻이기도 하니까 이를 언급해주는 거야.

본론에는 본격적인 주장과 근거가 들어가. 서론에서 밝힌 문제 상황을 해결하고 더 좋은 방향으로 나아가기 위해 어떻게 해야 하는지에 대한 주장이 들어가는 거지. 그리고 그렇게 해야 하는 이유와 근거가 나타나. 이유와 근거는 사실일 수도 있고 전문가의 의견일 수도 있어.

마지막으로 결론에서는 주장과 근거를 요약해서 정리하고, 당부의 말을 전하면서 글이 마무리된단다.

주장하는 글을 읽을 때는 가장 먼저 글쓴이가 무엇을 주장하고 있는지를 파악해야 해. 그리고 그 주장을 뒷받침하는 근거를 정리해야 해.

그런 다음 비판적인 관점으로 글을 따져봐야 해. 주장하는 글을 읽을 때는 주장이 합리적이고 타당한가, 근거는 신뢰할 만한가, 논리적 전개는 합당한가, 자신의 의견과 어떻게 다른가, 보편타당하고 윤리적인 주장을 하고 있는가, 실현 가능한 주장인가 등 비판적인 접근이 매우 중요해. 왜냐하면 논설문은 개인의 주관적인 의견을 담은 글이기 때문에 꼼꼼히 따지면서 봐야 터무니없는 주장에 현혹되지 않을 수 있거든.

설득적 요소가 굉장히 강한 주장하는 글에는 광고가 있어. 광고를 볼 때 역시 비판적인 관점이 매우 중요하단다. 광고는 보는 사람을 설득하는 것이 목적이기 때문에 사실을 왜곡하거나 허위의 내용이 들어갈 확률이 높아. 따라서 광고가 전달하는 정보가 믿을 만한 내용인지, 거짓은 없는지, 강한 인상을 남기기 위해 비도덕적인 설득 전략을 사용하지는 않았는지 등을 따져보며 비판적으로 수용해야 돼. 즉 설득을 목적으로 하는 주장하는 글은 비판적인 태도로 읽어야 한다는 것을 꼭 기억해.

광고의 설득 전략

설득 전략	특징
인물을 전면에 내세우는 전략	• 유명인을 내세워 모방 심리를 자극하거나 일반인을 내세워 친근감을 자극한다.
신뢰성을 확보하는 전략	• 전문가의 조언, 상품을 사용해본 소비자의 경험, 각종 인증 마크, 성능 실험 등을 통해 상품의 우수성을 내세운다. • 주로 세제나 의약품, 전자 제품에 많이 사용된다.
언어 표현을 강조하는 전략	• 동일한 문구나 상품명, 전화번호 등을 반복하거나 언어유희를 활용한 말장난 등으로 강한 인상을 남긴다. • 라디오 광고에 많이 사용된다.
웃음이나 감동을 유발하는 전략	• 풍자나 패러디, 유머를 통해 웃음을 자아내거나 가슴 따뜻한 소재나 장면을 통해 감동을 준다.
불안 심리를 자극하는 전략	• 부정적인 상황을 제시하고 이를 주의하거나 대비해야 한다는 메시지를 전달한다. • 금연, 환경 보호, 교통 사고 예방 등의 공익 광고에 많이 사용된다.

논증의 다양한 방법에는 무엇이 있나요?

논증은 주장의 옳고 그름을 이유를 들어 가리는 것이다.
논증에는 크게 연역적 추리, 귀납적 추리, 유비 추리가 있다.

앞에서 논설문으로 대표되는 주장하는 글의 특성을 살펴보면서 무조
건 주장하면 안 되고 그것을 뒷받침해줄 근거가 필요하다고 했던 거 기
억하니? 그 근거를 적절하게 제시하는 방식을 논증이라고 해. 근거를 들
어 자신의 주장이 옳음을 증명하는 과정이라고 보면 되겠지. 논증의 최
종 목적은 상대방의 생각이나 행동이 변화될 수 있도록 설득하는 거야.

논증은 주장과 근거, 그리고 추론으로 이루어져 있어. 주장은 의견이
고 근거는 그 이유에 해당하지. 그리고 근거를 뒷받침해서 의견을 주장
하는 과정을 추론이라고 해. 또한 논증에는 연역적 추리, 귀납적 추리,
유비 추리가 있는데 이에 대해 좀더 자세히 알아보자.

〔대전제〕 모든 사람은 죽는다.

〔소전제〕 소크라테스는 사람이다.

〔결론〕 그러므로 소크라테스도 죽는다.

위 논증을 보면 '모든 사람은 죽는다.'라는 일반적인 보편 원리를 '소크라테스는 사람이다.'라는 특정한 사례에 적용시켰어. 이를 통해 '소크라테스는 죽는다.'라는 개별적이고도 구체적인 사실을 이끌어내어 주장한 거지.

그런데 모든 사람이 죽는다는 것과 소크라테스도 죽는다는 것 중 어떤 게 더 일반적일까? 어떤 전제가 더 폭넓게 많은 내용을 포괄할 수 있는지

를 본다면 '모든 사람이 죽는다.'가 더 일반적이지? 이렇게 일반적인 원리가 먼저 나오고 구체적인 사실(소크라테스라는 개인)이 결론으로 나오면, 이것을 연역적 추리라고 해. 연역적 추리는 일반적인 원리나 방법을 바탕으로, 구체적이고 개별적인 사실을 이끌어내어 주장하는 방법을 말해.

〔전제 1〕 사람인 소크라테스는 죽었다.

〔전제 2〕 사람인 플라톤은 죽었다.

〔전제 3〕 사람인 아리스토텔레스는 죽었다.

〔결론〕 그러므로 모든 사람은 죽는다.

위 논증에서는 '소크라테스, 플라톤, 아리스토텔레스는 죽었다.'와 같이 구체적이고 개별적인 사실들을 토대로 '모든 사람은 죽는다.'라는 보편적인 원리를 이끌어내어 주장하고 있어. 이렇게 개별적인 사실로부터 어떤 법칙이나 원리를 이끌어내는 방법을 귀납적 추리라고 해. 그런데 귀납적 추리는 많은 사례들을 바탕으로 결론을 이끌어내기 때문에 중간에 하나의 예외만 발견되어도 결론이 부정된다는 한계가 있어.

〔전제 1〕 지구와 화성은 환경이 비슷하다.

〔전제 2〕 지구에는 생명체가 산다.

〔결론〕 그러므로 화성에도 생명체가 살 것이다.

위 논증에서는 지구와 화성의 환경이 비슷하다고 말했지. 이를 토대로 지구에 생명체가 있으니 환경이 비슷한 화성에도 생명체가 있을 것이라고 결론을 내렸어. 이처럼 비슷한 특성을 가진 두 대상이 있을 때, 한 대상이 어떤 특성을 지니고 있으면 나머지 대상도 같은 특성이 있을 것이라고 추측해 주장을 증명하는 방법을 유비 추리(유추)라고 해.

이렇게 주장을 도출하고 결론을 내리는 방법에는 연역적 추리, 귀납적 추리, 유비 추리가 있다는 것을 잘 알아두고, 주장이 설득력을 가지려면 논증의 과정이 타당해야 한다는 것도 꼭 명심하자.

지식 더하기

잘못된 논증

- 영수는 3일 전에도 지각했고, 오늘도 지각했어. 즉 영수는 매일 지각하는 것이나 마찬가지야.

  ⋯▶ 성급한 일반화의 오류

- 그는 그것이 진실이라고 말한 적이 없어. 따라서 그 사건은 거짓이야.

  ⋯▶ 흑백 논리의 오류

- 오늘 아침 학교에 늦었어. 등굣길에서 까마귀를 봤기 때문이야.

  ⋯▶ 원인 오판의 오류(인과 혼동의 오류)

다양한 종류의 글에 대해 알아보자

글의 종류는 전기문, 기행문, 광고문, 건의문, 평론 등 다양하다.
이들 역시 각 글의 종류와 특성에 맞게 읽어야 한다.

　앞에서도 말했듯이 우리가 읽기 제재로 가장 많이 만나는 글은 주장하는 글(논설문)과 설명하는 글(설명문)이야. 하지만 교과서에는 많은 종류의 글들이 실려 있어. 우리는 논설문과 설명문 외에도 다양한 글들을 만나게 되지. 그러니 이들에 대해서도 간단히 알아두는 게 좋겠지?

　우선 전기문을 살펴보자. 전기문은 한 인물의 생애에 대해 업적을 중심으로 사실적으로 기록한 글이야. 그렇다고 아무나 전기문의 인물이 될 수 있는 것은 아니야. 전기문은 주로 인물의 생애와 업적을 통해 사람들에게 교훈을 주는 동시에 의미가 있는 이야기를 전달하기 때문이야. 그래서 전기문의 가장 큰 특성은 사실성과 교훈성이야.

전기문에는 실존 인물이 등장하므로 이를 읽을 때는 인물이 살았던 역사적·사회적 배경을 파악하는 것이 중요해. 또 인물의 이력과 업적을 정리하고, 인물의 삶을 통해 얻을 수 있는 교훈이 무엇인가를 생각해보는 것도 중요하지.

전기문은 대체로 객관적이지만 인물에 대한 글쓴이의 평가가 들어가는 전기문도 있어. 이를 '평전'이라고 한단다. 또한 자기가 직접 자신의 전기를 기록하기도 하는데, 이것은 '자서전'이야.

다음으로 기행문을 알아보자. 기행문은 보고 듣고 느낀 것, 새로운 체험과 견문, 감상 등을 기록한 1인칭 고백 형식을 띤 글을 말해. 우리가 수학여행으로 설악산을 다녀와서 그 내용을 기록한다면 그 글은 기행문이 될 거야. 기행문에는 주로 시간의 흐름과 공간의 이동이 같이 나타나. 즉 어디에서 출발해서 어디를 거쳐 어느 곳을 갔다는 식의 여행 경로를 드러내는 여정이 담기기 마련이지. 또한 보고 들은 것을 기록하는 견문도 제시되고 느낀 점을 드러내는 감상도 포함돼. 주로 현재형으로 표현되며 여행하는 곳의 지방색이 드러나는 경우가 많아.

기행문을 읽을 때는 기행문의 3요소에 해당하는 여정·견문·감상을 정리하면서 읽는 것이 좋아. 만약 기행문에 나오는 장소로 여행 계획을 세우고 있다면 기행문은 여행 안내문의 기능을 하기도 하겠지.

광고문도 우리가 요즘 굉장히 많이 접하는 글이야. 광고의 목적은 무엇일까? 세탁기 광고를 5편 봤다고 생각해보자. 그러면 우리는 세탁기에 대한 많은 정보를 얻을 수 있을 거야. 이렇게 광고는 정보 제공의 성격이 있어. 하지만 이것이 광고의 궁극적인 목적은 아니야. 광고는 설득을 목적으로 해. 세탁기 광고라고 한다면 우리 세탁기는 이런 저런 좋은 기능을 갖추고 있으니 우리 제품을 구매하라고 소비자를 설득하는 거지.

공익 광고도 마찬가지야. 공익을 위해 환경을 보호하고, 질서를 잘 지켜야 한다는 등의 행동과 신념의 변화를 이끌어내고자 하는 거야. 그래서 광고에는 매체나 목적에 맞는 다양한 설득 전략이 나타나는데, 앞에서 강조했듯이 비판 의식을 가지고 따지면서 이러한 광고를 읽어야 해. 왜냐하면 강한 설득을 목적으로 하는 광고는 허위나 과장된 내용이 많을 수도 있기 때문이야.

건의문은 개인이나 단체가 개선이 필요한 어떤 문제에 대해 특정 대상에게 의견과 해결 방안을 제시해 그것이 받아들여지도록 요구하는 글이야. 문제에 대한 해결을 요구하는 글이기 때문에 글 속에 문제 상황이 드러나겠지. 그리고 그 문제를 어떻게 해결해달라는 구체적인 해결 방안이 제시된단다.

건의문을 읽을 때는 건의하는 사람과 건의를 받는 사람이 누구인지를 기본적으로 파악해야 해. 그다음 문제 상황이 무엇인지, 무엇을 요구(주장)하고 있는지를 확인해야 해. 또한 해결 방안으로 제시하는 주장이 공익성, 합리성, 공정성, 수용 가능성 측면에서 적절한지도 판단하면서 읽어야 한단다.

비평문은 문학 작품에 대한 글쓴이의 해석과 근거가 나타나는 글이야. 우리가 일반적으로 쓰는 독서 감상문, 즉 독후감은 책이나 글을 읽고 느낀

점을 주로 다루었다면 비평문은 대상의 옳고 그름, 아름다움과 추함 등을 분석해 가치를 논한 글이야. 즉 객관적이고 논리적인 글이라는 거야.

따라서 비평문을 읽을 때는 비평가가 제시하고 있는 해석의 결과와 함께 그 근거를 찾아보고, 근거가 타당한지 검토해야 해. 비평가가 제시한 해석과 평가의 결과가 무조건 옳다고 믿지 말고, 다양한 해석과 평가 중 하나라는 열린 관점으로 읽는 태도가 중요해. 한 편의 문학 작품에 대한 서로 다른 비평문을 비교하면서 읽는 과정 등을 통해 객관적인 시각을 갖도록 노력해야 한다는 점도 잊지 말자.

쓰기의 특성에 대한 이해를 바탕으로

맥락·목적·독자를 고려해 적절하고 효과적으로

글을 쓰는 방법을 공부해요.

다양한 종류의 글을 쓰는 방법과

글쓰기의 윤리를 지켜 책임감 있는 태도로

글을 쓰는 방법을 알아봐요.

3장

중학생이라면 꼭 알아야 할 쓰기

쓰기는 어떤 절차를 거쳐야 하나요?

글쓰기는 기본적으로 5단계로 정리할 수 있다.
계획하기, 내용 생성하기, 내용 조직하기, 표현하기, 고쳐 쓰기가 그것이다.

학교에서 글짓기 해본 적 있지? 선생님께서 '어머니'라는 주제어를 칠판에 적으면 친구들은 어떻게 하지? 아마 펜을 들고 하얀 종이에 무언가를 써보려고 할 거야. 그리고 잠시 생각한 다음에 이렇게 불평하겠지. '아, 무엇을 어떻게 써야 하지? 역시 글쓰기는 어려워!'

그런데 친구들이 글쓰기를 어렵게 느끼는 이유는 글쓰기의 절차를 생략하고 바로 글을 쓰려고 하기 때문이야. 글쓰기의 절차가 무엇이냐고? 글쓰기의 절차는 크게 5단계로 정리할 수 있어. 계획하기, 내용 생성하기, 내용 조직하기, 표현하기, 고쳐 쓰기가 바로 글쓰기의 절차야. 이 절차들은 모든 종류의 글에서 적용될 수 있으니 하나씩 살펴보도록 하자.

첫째, 본격적으로 글을 쓰기 전에 먼저 글쓰기의 목적을 생각해야 해. 예를 들어 정보를 전달하기 위해 글을 쓰는 것인지, 아니면 적절한 근거를 들어 상대를 설득하기 위한 것인지 등 글쓰기의 목표를 분명히 해야 해. 그다음 예상 독자를 예상해야 한단다. 자신의 글을 읽는 사람이 친구들인지, 선생님인지, 아니면 입학을 희망하는 학교의 면접관인지를 잘 생각해봐야 해.

그런 다음에는 자신이 쓸 글의 주제를 분명히 하는 거야. 예를 들어 '희망하는 요리전문고등학교에 입학하기 위해 그 학교 면접관을 독자로 해서 내가 이 학교에 입학하기에 합당한 학생이라는 주제로 설득하는 글을 쓸 거야.'라는 식으로 글의 목적, 예상 독자, 주제를 명확히 하는 게 좋아. 이게 바로 글쓰기의 첫 단계인 계획하기란다.

둘째, 주제에 맞는 내용을 수집해야 해. 이 말은 글의 재료를 수집하라는 것인데 어떤 방법으로 내용을 모을 수 있을까? 이미 가지고 있는 배경지식, 매체(인터넷·텔레비전·라디오·책·신문 등), 해당 분야의 전문가 면담, 조사 등을 통해 내용을 수집할 수 있어. 이때 가장 중요한 것은 수집한 내용이 자신이 정한 주제를 뒷받침할 수 있어야 한다는 점이야. 이를 내용 생성하기 혹은 자료 수집하기라고 해.

셋째, 산만하게 수집한 내용을 적절하게 구성하고 배치하는 게 필요해. 즉 글을 쓰기 전에 글의 뼈대를 만드는 과정이라고 생각하면 돼. 이를 보통 내용 조직하기라고 하는데 구성하기 혹은 조직하기라고도 해. 이 단계에서는 내용 구조도 만들기, 개요표 작성하기와 같은 방법을 활용할 수

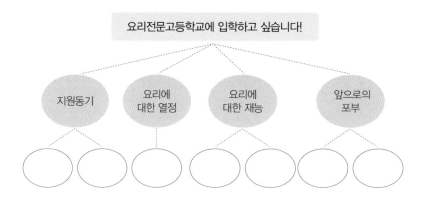

주제: 요리전문고등학교에 진학하고 싶습니다.	

처음	1. 자기 소개
	   ① 요리에 관심이 있었던 어린 시절
	   ② 요리사였던 할아버지의 영향을 받았던 성장 시절

중간	1. 지원 동기
	   ① 요리에 대한 지속적인 관심
	   ② 존경하는 요리사를 만났던 경험
	2. 요리에 대한 열정과 재능
	   ① 김치 떡볶이를 만들었던 경험
	   ② 청소년 요리대회에 나가서 대상을 수상한 경험
	3. 앞으로의 포부
	   ① 한식 전문가에 대한 꿈
	   ② 요리에 대한 철학

끝	1. 입학에 대한 간절한 소망 2. 마지막 당부와 인사

있단다. 내용 구조도와 개요표 예시는 왼쪽에 제시해두었으니 참고하자.

넷째, 이제는 글을 쓰면 돼. 네 번째 단계는 앞에서 구성한 내용을 바탕으로 글의 목적, 독자, 주제를 고려하면서 글로 표현하는 단계야. 이 단계를 표현하기 혹은 초고 쓰기라고 해. 일반적으로 글쓰기를 할 때 앞의 세 단계를 생략하고 바로 글을 쓰려고 해서 어려움을 겪는 단계이기도 해. 글을 쓸 때 처음부터 자신의 글이 완벽할 거라는 생각은 버리는 것이 좋아. 글쓰기는 끊임없이 점검하고 고쳐 쓰는 과정을 통해 보다 완벽해질 수 있으니까 말이야.

마지막으로 다 쓴 글을 점검해야 해. 이 단계를 고쳐 쓰기라고 해. 그런데 글을 점검하고 고쳐 쓰는 단계가 반드시 마지막에 올 필요는 없어. 글을 쓰는 모든 단계에서 고쳐 쓰기, 즉 퇴고하기는 이루어질 수 있단다. 그리고 점검하고 고쳐 쓰는 단계가 반복될수록 더 좋은 글을 쓸 수 있다는 점을 기억하자.

여기까지가 바로 글쓰기의 5가지 절차야. 단계별로 설명하기는 했지만 글쓰기 단계가 반드시 고정되어 있는 것은 아니야. 내용을 구성하고 조직하다가 주제가 명확하지 않아 글쓰기가 원활하지 않다면 다시 첫 번째 단계인 계획하기로 돌아갈 수 있어. 그러니 각 단계를 잘 알아두고 적절히 활용할 수 있도록 하자.

고쳐 쓰기는 이렇게 하자

고쳐 쓰기는 '글 수준→문단 수준→문장 수준→단어 수준'으로 점검이 이루어진다. 다음을 참고하자.

글 수준	글의 통일성, 제목의 적절성, 문단과 문단의 자연스러운 연결
문단 수준	문단의 길이, 중심 생각이 하나인지의 여부
문장 수준	문장의 호응, 시제, 높임 표현 등의 적절성
단어 수준	단어의 적절성, 표준어인지 여부, 맞춤법 점검

보고서는 어떻게 쓰면 좋을까요?

보고서는 정보를 제공할 목적으로 조사·관찰·실험한 과정이나 결과를 정리한 글로, 체계적인 구성을 갖추어 한눈에 알아볼 수 있도록 작성해야 한다.

'수행 평가 과제'를 해본 적 있니? 수행 평가라는 건 친구들이 스스로 어떤 내용을 조사하고 그 결과를 통해 지식을 도출하는 과정이야. 이를 통해 보통 보고서를 작성하지. 보고서는 우리 친구들이 교과서 안에서 자주 읽을 수 있는 글은 아니지만, 가까이는 대학교에서, 조금 멀게는 회사에서 굉장히 자주 작성해야 하는 실용적인 글의 한 종류야. 대학생들이 "아, 나 리포트 써야 해."라고 말하는 걸 많이 들어봤을 거야. 바로 그 리포트가 보고서야.

그럼 보고서가 무엇일까? 어떤 주제를 가지고 조사하고 관찰한 내용 혹은 실험한 과정과 결과를 알기 쉽게 정리해 정보를 제공할 목적으로 쓴 글을 보고서라고 해. 즉 보고서의 최종 목적은 정보 제공이란다.

보고서에도 종류가 많아. 우선 설문조사, 문헌조사, 인터넷 검색 등 다양한 방법을 통해 조사한 내용과 결과를 알리는 보고서를 조사 보고서라고 해. 양파의 표피 세포를 관찰한 내용을 기록하는 등 어떤 대상을 지속적으로 관찰하고 그 결과를 기록하는 관찰 보고서도 있어.

이와 비슷하게 물과 설탕물의 끓는점을 비교해서 작성하는 것처럼 특정 실험을 한 후 그 과정과 결과를 제시하는 실험 보고서도 있고, 박물관이나 유적지 등을 찾아가 보거나 들은 내용을 기록하는 탐방 보고서도 있어. 마지막으로 한지 만들기 체험 학습 보고서처럼 자신이 직접 참여하거나 체험한 활동에 대해 체험 과정 및 결과, 소감 등을 기록하는 보고서도 있으니 잘 알아두자.

그럼 보고서를 어떻게 쓸까? 여느 글을 쓰는 것과 마찬가지로 당연히 계획을 세워야겠지. 조사의 목적과 필요성, 조사 기간, 조사 대상, 조사 방법, 조사자들의 역할 등을 정하고 구체적인 계획을 정하는 것이 바로 첫 번째 단계야.

계획이 끝나면 무엇을 할까? 조사 목적과 관련한 풍부한 자료를 수집해야 해. 자료 수집 방법에는 실험, 관찰, 문헌조사, 설문조사, 면담, 답사, 인터넷 검색 등 여러 가지가 있어. 그 중에 조사 목적에 가장 알맞은 방법을 선택하면 돼.

자료 수집이 끝나면 그 자료를 검토하고 조사 목적에 맞게 정리하고 분석한단다. 마지막으로 자료 분석까지 끝나면 '처음-중간-끝'의 구성으로 절차가 잘 드러나게 보고서를 작성해.

　보고서를 쓸 때 유의할 점은 없을까? 보고서를 절차에 맞게 작성했어도 내용이나 결과에 거짓이 있다면 올바른 보고서라고 할 수 없어. 보고서는 조사·관찰·실험한 내용이나 결과를 다른 사람에게 알리기 위한 글이므로, 주관적인 내용을 피하고 사실을 바탕으로 한 객관적인 내용을 담아야 해. 또한 정확한 용어, 명료하고 간결한 표현을 사용해 읽는 이가 쉽게 이해하도록 해야 한단다. 그리고 한눈에 알아볼 수 있게 쓰는 것이 중요하므로 구성도 체계적이어야 해.

　여기서 체계적인 구성이라는 건 바로 '처음-중간-끝'을 잘 구분해서 쓰라는 뜻이야. 이때 '처음'에는 조사 이유와 목적, 조사 기간, 조사 대상, 조사 방법을 쓰고, '중간'에는 조사한 내용과 결과를 구체적으로 적어. '끝'에는 조사한 내용을 요약하거나 조사자의 의견이나 소감이 다소 들어갈 수 있어. 보고서는 이렇게 형식과 절차에 맞게 체계적으로 쓰는 것이 중요해. 그리고 줄글로 쭉 쓰는 것보다 그림·사진·도표·그래프 등 시각 자료를 적절하게 활용하면 훨씬 효과적인 보고서를 작성할 수 있어.

　마지막으로 당부하고 싶은 건 다른 사람이 연구하거나 조사한 내용을 그대로 베끼거나 몰래 가져다 쓰면 안 된다는 거야. 글쓰기 윤리를 지켜야 하는 것은 기본적인 상식이니 유념해두자. 그리고 보고서의 목적은 조사한 내용의 과정과 결과를 한눈에 알아보기 쉽게 전달해서 독자를 잘 이해시키기 위한 글이라는 것을 꼭 기억하자.

어느 쪽이 더 눈에 잘 들어올까?

(가)

우리 반 학생들의 통학 시간은 10분 이내인 친구들이 17명, 10~20분 걸린다는 친구는 8명, 20~30분 걸린다는 친구는 6명, 30분 이상 걸린다는 친구는 4명이 었다.

(나)

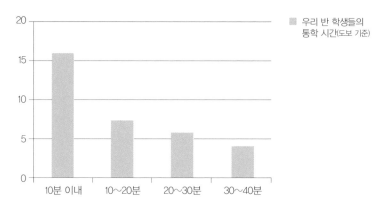

우리 반 학생들의 통학 시간(도보 기준)

┈▶ (나)가 더 효과적으로 전달된다. 이처럼 적절한 보조 자료의 활용은 내용을 더 쉽게 전달한다.

건의문은 어떻게 써야 하나요?

건의문은 제기된 문제점에 대한 해결 방안을 제시하는 글이다.
문제를 민주적으로 해결하기 위해 건의문을 활용해보자.

우리가 살고 있는 세상은 완벽한 세상일까? 아니면 모순과 갈등이 많은 세상일까? 완벽한 세상이었으면 좋겠지만, 매우 복잡하고 다원적으로 이루어진 세상에서 여러 사람들이 부대끼며 살고 있기 때문에 갈등과 문제가 끊임없이 발생하고 있단다. 그런데 문제와 대립이 생길 때마다 목소리를 높여 서로 싸우고 다툰다면 세상은 매우 혼란해질 거야. 게다가 어느 한 사람이 겪는 문제가 아니라 여러 사람이 함께 불편을 겪는 문제라면, 이를 해결하는 일은 모두의 행복을 위해 꼭 필요한 일이겠지.

그럴 때 필요한 글이 바로 건의문이야. 건의문은 개인 혹은 단체가 공동의 문제를 가지고 있을 때 그 문제에 대한 해결 방안을 제시하는 글이야. 즉 직면한 문제가 적절하게 해결될 수 있기를 요구하는 글이기 때문에 건의문의 최종 목적은 설득이라고 할 수 있지.

건의문을 쓰기 위해서는 어떤 과정이 필요할까? 우선 문제 상황을 파악해야 해. 건의문은 문제 해결의 글이기 때문에 문제를 파악하는 게 가장 먼저지. 그러니 불편이나 어려움을 주는 문제를 파악하고 이에 대한 분석이 이루어져야 해.

문제를 파악한 다음에는 문제 해결과 관련한 정보를 수집해야 해. 여러 매체에서 관련 자료나 정보를 수집하는 과정이 필요한데, 비슷한 문제를 해결한 사례나 모범 사례 등을 찾아보는 것이 좋아. 자료를 수집했으면 문제를 해결할 수 있는 해결 방안을 마련해야 해. 실제로 문제를 해결할 수 있는지, 모두에게 도움이 되는 것인지, 공정하고 합리적인 것인지, 실현 가능한 것인지 등을 모두 고려해 결정해야 해. 이 고려 사항들은 좋은 해결 방안의 조건들이기도 해. 중요하니까 꼭 알아둬.

해결 방안을 마련한 다음에는 건의 대상을 정해야 해. 건의 내용을 받아들여 문제를 해결할 수 있거나 문제 상황을 해결하는 데 도움을 줄 수 있는 사람 또는 단체를 건의 대상으로 정하는 게 좋아. 예를 들어 학교생활과 관련된 문제라면 건의 대상은 학교 선생님이나 학교 친구들이 될 수 있을 것이고, 지역 사회와 관련된 문제라면 공공 기관의 책임자가 건의 대상이 될 수 있겠지. 그리고 마지막으로 건의 내용과 건의 대상을 고려해 알맞은 형식에 따라 예의를 갖추어서 건의문을 쓰면 되는 거지.

그럼 건의문은 어떤 형식으로 쓸까? 건의 대상을 분명히 밝혀야겠지.

그리고 자신을 소개하며 건의문을 쓰게 된 배경과 문제가 된 상황, 다시 말해 무엇이 심각한 문제인지를 제시한 다음 문제 해결 방안을 명확하게 밝혀야 해. 이때 문제가 해결되었을 때 어떤 점이 좋은지를 말해야 건의 대상자를 더 잘 설득할 수 있겠지? 글을 마무리하면서 다시 한 번 문제 해결을 당부하고 끝인사를 한 뒤 건의 날짜를 쓰는 등 일정한 형식에 맞추어 건의문을 작성하면 된단다.

우리 친구들, 건의문은 상대의 마음을 움직이는 것이고, 설득을 목적으로 하는 글이라고 했지. 그런 점에서 건의문을 쓸 때는 예의를 갖추고 좋은 인상을 주는 것이 매우 중요하다는 사실도 잊지 마!

학생들이 바꾼 색깔의 명칭

2002년 '살색'이라는 명칭이 '연주황색'으로 바뀌었다. 인종차별적인 시각이 들어 있다는 이유였다. 그러자 초등학생 6명이 크레파스를 자주 쓰는 초등학생들이 쓰기에 '연주황색'은 어려운 명칭이라며 '살구색'으로 바꾸어달라는 건의문을 썼다. 그리고 2005년 '살색'은 '살구색'이 되었다. 이렇듯 건의문은 문제를 해결해주는 똑똑한 글이다.

감동과 즐거움을 주는 글쓰기는 어떻게 하나요?

글의 구조와 내용, 표현 등을 고려해 자신의 경험을 진솔하게 표현해야
독자에게 감동과 즐거움을 주는 글을 쓸 수 있다.

우리가 일상생활에서 가장 쉽게 접하고, 또 많이 쓰는 글은 어떤 글일까? 그리고 우리가 가장 처음에 썼던 글은 어떤 글일까? 아마 자신의 생활을 진솔하게 담은 일기와 같은 생활문이 아닐까? 초등학교 때는 '생활문'이라고 하다가 중학교에 들어와서는 '수필'이라는 이름으로 배웠을 거야. 이번에는 이렇게 자신의 경험과 생각을 드러내는 글을 효과적으로 쓰는 방법에 대해 알아보자.

최대한 표현 기교를 많이 쓰고, 독자에게 흥미를 주기 위해 과장하거나 내용을 덧붙이면 좋은 글이 될까? 당연히 안 되겠지. 최대한 진솔하게 써야 상대방에게 감동과 즐거움을 줄 수 있어.

다음의 경우를 살펴보자. 좋아하는 여자 친구에게 고백을 할 때 "나는 너를 위해 무엇이든 할 수 있어. 밤하늘의 별도 따다 줄 수 있지. 세상의 그 누구보다 너를 좋아해. 나의 마음을 받아주겠니?"라고 말할 수 있겠지. 혹은 "너를 볼 때마다 얼굴이 빨개지고, 별말이 아닌데도 네가 말을 시키면 너무 떨려. 아마도 너를 좋아하는 것 같아."라고 고백할 수도 있어. 전자와 후자 중 어떤 고백이 더 사람의 마음을 움직일까? 최대한 솔직하게 자신의 마음을 표현한 후자가 더 감동적이지 않을까?

물론 무조건 솔직하게만 쓴다고 감동과 즐거움을 전달하는 글이 되는 것은 아니야. 감동과 즐거움을 주는 좋은 글을 많이 읽으면서 '아, 이런 부분이 감동을 줄 수 있구나.'라는 것을 깨달을 때, 자신 또한 감동과 즐거움을 주는 글을 쓸 수 있단다. 그러니 좋은 글을 많이 읽어야겠지?

또한 체계적인 구조를 갖추어 정확한 표현으로 글을 써야 읽는 이에게 감동과 즐거움을 줄 수 있어. 자신의 경험 중 단순히 재미있거나 자극적인 내용 말고, 인생을 성찰할 수 있고 의미 있게 공유할 만한 것이 좋아. 깨달음과 생각할 거리가 남는 주제가 감동을 줄 수 있거든. 이렇게 자신의 경험 중에서 의미 있는 경험을 선정했으면, 이것을 진솔하고 창의적으로 표현하는 것이 중요해. 진솔한 부분은 공감을 일으키고, 공감 속에서 웃음이 피어나 즐거움이 생기는 거야.

누군가에게 감동과 즐거움을 주는 글을 쓴다는 것은 아주 특이한 일을 다루거나, 대단한 표현 방법을 써야 한다는 것을 의미하지 않아. 내가 일상 속에서 경험한 일 중에 다른 사람들과 같이 공유했으면 좋겠다는 생각이 들거나 깨달음을 얻은 일을 소재로 해서 진솔하게 쓰면 돼. 또한 그 경험을 직접적으로 하지 않은 사람들을 위해 장면을 최대한 구체적으로 나타내야 한다는 것도 잊지 마.

그런데 이렇게 감동과 즐거움을 주는 글을 쓰면 뭐가 좋을까? 글을 쓰면서 일상의 일들을 돌이켜보면 건강한 자아를 형성할 수 있어. 즉 자신의 삶을 반성하고 돌이켜보면서 좀더 괜찮은 삶을 살 수 있다는 뜻이야. 이처럼 경험을 나타내는 글을 쓰는 것은 자신의 성장에도 도움이 되는 일이야. 또한 의미 있는 일을 독자와 공유하면 독자도 이를 간접적으로 경험할 수 있으니 좋은 일이지. 그런 의미에서 오늘부터 일기를 써보는 건 어떨까? 늘 똑같았던 하루가 훨씬 다채로워질 거야.

삶과 경험이 담긴 글쓰기 절차

- 나누고 싶은 의미 있는 체험을 고름
- 글의 주제와 목적, 예상 독자를 정하고, 어떤 형식으로 쓸 것인지 결정함
- 직접 경험하지 못한 독자들이 체험을 생생하게 느끼도록 구체적으로 씀
- 글을 읽어보고 부족한 부분은 고쳐 쓰고 다듬음

옛날에 남학생은 좋아하는 여학생이 생겼을 때 어떻게 표현했을까? 편지지를 사서 자신의 마음을 조심스럽게 담아 쓰고, 그 편지를 직접 만나서 전해주거나 우표를 붙여 여학생의 집으로 보냈겠지. 그런데 요즘은 어떠니? 좋아하는 여학생에게 메일을 보내거나 문자 메시지로 자신의 마음을 전하는 친구들도 있을 거야. 용기 있는 친구들은 SNS나 인터넷 게시판을 이용해 공개적으로 고백할지도 몰라.

이렇게 요즘은 다양한 매체가 등장했고, 이런 매체에 글을 쓸 일도 많아졌어. 앞으로도 계속 활발히 사용될 거야. 그러니 다양한 매체에 따른 글쓰기에 대해 알아두는 게 좋겠지? 각 매체의 특성이 무엇인지 알아보

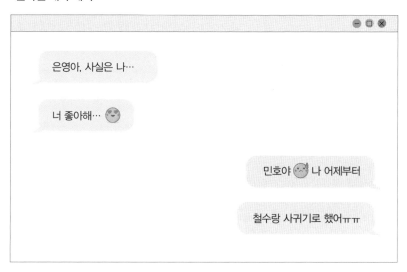

고, 어떻게 글쓰기가 이루어지는지 살펴보자.

인터넷상에서 온라인으로 대화해봤어? 우리가 흔히 '채팅한다'고도 표현하는 이 온라인 대화는 주로 친밀한 관계에 있는 상대방과 편안하게 비공식적으로 나누는 대화야. 그런데 온라인 대화가 공간적 제약을 받을까? 아니야. 멀리 떨어져 있는 사람과도 실제 대화를 나누듯 실시간으로 소통할 수 있어. 소리 나는 대로 표기하거나 줄임말을 사용하기도 하는데, 상대방의 표정이나 말투 등을 느낄 수 없다는 한계가 있어. 그런 제약을 극복하기 위해 감정을 나타내는 이모티콘을 사용하기도 한단다.

우리 친구들, 전자 우편 써본 적 있어? '이메일'이라고도 하는데 쓰는 과정은 온라인 대화와 좀 다르지? 전자 우편은 온라인상에서 공식적인

대화를 나눌 때 주로 많이 사용되지만 개인적인 용도로 쓰기도 해. 전자
우편은 길이의 제약이 없고, 주소록에 여러 사람의 주소를 넣으면 동시
에 여러 사람에게 보낼 수도 있어. 파일 첨부나 인터넷 주소 첨부도 가능
하지. 그리고 온라인 대화에 비해 시간적 여유를 두고 소통이 이루어져.
전자 우편을 보냈다고 해서 받는 사람이 바로 확인하는 것이 아니라 약
간의 시간 차가 있을 수 있기 때문이야.

　또 전자 우편은 첫 인사말, 내용, 끝 인사말 등 비교적 격식과 형식을
갖추어 쓰는 경우가 많고, 온라인 대화에 비해 이모티콘이나 맞춤법에
어긋난 표현을 덜 사용한다는 특성이 있어. 평소에 많이 쓰기는 하는데
이렇게 특성으로 정리되니 '아, 그렇구나.' 싶지?

문자 메시지는 어떨까? 가장 큰 특성은 바로 확인이 가능하다는 거야. 요즘은 휴대 전화를 소지하고 다니는 경우가 많기 때문에 휴대 전화를 통해 전달되는 문자 메시지는 신속성을 가지지만, 전자 우편에 비해서는 텍스트 길이에 제약이 있다고 볼 수 있어.

블로그에 글을 쓰는 환경은 어떨까? 누구든지 자신의 생각을 담은 글을 온라인상에 올려 다른 사람들과 공유할 수 있지. 또 블로그 간 연결이 쉽고, 다른 사람의 게시물을 복사하거나 자신의 블로그에 담는 것도 굉장히 쉬워. 이뿐 아니라 글·사진·동영상 등 모든 매체 자료를 활용할 수도 있고 댓글 기능이 있어서 자신이 올린 게시글에 대한 반응을 직접 확인할 수도 있단다.

이렇게 다양한 매체들이 있는 만큼 각자의 상황에 알맞은 매체를 선택해서 그 매체의 특성에 맞게 글을 쓰는 것이 중요해. 친구와 저녁 약속을 했는데 중간에 차가 너무 막혀서 늦게 도착하는 상황이 생긴 거야. 이럴 때는 어떤 매체를 통해 글을 써서 전달하는 것이 적당할까? 맞아, 신속성이 요구되는 상황이기 때문에 '문자 메시지'가 적합하겠지.

또 다른 예로 학교 운동장에서 평소 아끼던 책을 잃어버렸다면 어느 매체에 글을 쓰는 것이 좋을까? 학교 교내 인터넷 게시판에 정중한 표현으로 글을 쓰는 것이 가장 좋겠지. 적재적소에 맞는 알맞은 매체를 효과적으로 활용하기 위해서는 각 매체의 특성을 확실히 숙지해두는 게 좋아. 그러면 매체 글쓰기도 그렇게 어렵지만은 않단다.

어느 매체가 가장 적합할까?

- 인터넷에 접속할 수 있는 조건에서 실시간으로 대화를 나눌 필요가 있을 때

- 여러 사람에게 파일을 첨부해 전달할 때, 혹은 어느 정도 격식을 갖추어 자세히 설명해야 할 때

- 여러 명에게 간략한 정보를 빠르고 신속하게 전달할 때, 혹은 인터넷에 접속할 필요 없이 언제 어디서나 간편하고 빠르게 의견을 교환해야 할 때

정답 온라인 대화, 전자 우편, 문자 메시지

글쓰기에도 윤리가 필요하나요?

저작권은 저작물을 만든 사람을 위한 권리로, 저작권을 지키지 않으면
도덕적 책임뿐만 아니라 법률적 책임이 따를 수 있다.

요즘 우리 친구들은 수행 평가 과제 등 숙제를 할 때 어떤 매체의 도움을 가장 많이 받아? 인터넷 검색을 해서 자료도 조사하고 참고도 할 거야. 인터넷 매체에는 많은 정보가 있고, 쉽고 편하게 가져와 편집이 용이하기 때문에 사람들이 매우 많이 활용하는 매체야.

그런데 혹시 글을 쓰거나 숙제를 할 때 인터넷에 나와 있는 내용 혹은 책에 나와 있는 내용을 그대로 베껴 쓴 적은 없어? 그런 적은 없어도 '베낄까?' 하는 충동을 느껴본 적은 있을지도 몰라. 글을 잘 쓰는 것만큼 글쓰기 윤리도 굉장히 중요한데, 최근 매체의 발달로 이를 빈번하게 활용을 하면서도 저작권을 잘 지키지 않아 문제가 되고 있어. 그래서 이번에는

꼭 지켜야 할 글쓰기 윤리인 저작권을 살펴볼 거야.

기본적인 용어부터 알아보자. 저작물은 무엇일까? 저작물이란 사람의 생각이나 감정을 표현한 결과물을 뜻해. 예를 들어 그림, 사진, 문학 작품, 컴퓨터 작업물, 수행 평가 과제, 대중 가요 등이 다 저작물이 될 수 있지. 그리고 저작권은 저작물을 만든 사람을 지켜주기 위한 권리로, 자신이 표현한 결과물에 대해 가지는 권리야. 즉 저작물을 만든 사람에게 저작물에 대한 권리가 있다는 말이지.

그럼 저작권을 지키지 않았다는 건 어떤 경우일까? 글이나 노래 등을 지을 때 남의 작품의 일부를 원작자의 허락 없이 몰래 가져다 쓰는 행위가 바로 저작권에 위배되는 경우야. 남의 저작물을 가져다 쓰면서 원작자와 출처를 밝히지 않고, 즉 원래 만든 사람에게 사용 허가를 받지 않고 마치 자기가 만든 것처럼 사용하면 저작권을 위배한 게 되는 거야. 이런 경우를 바로 표절이라고 해. 요즘 드라마나 대중 가요, 광고, 논문 등에서 이런 표절 문제가 심심치 않게 벌어지고 문제가 되는 것을 봤을 거야.

그러면 다른 사람이 만든 작품은 절대 쓰면 안 될까? 꼭 그렇지는 않아. 하지만 적절한 방법과 절차를 거쳐야 해. 인용이라는 것은 가능한데, 인용은 다른 사람의 글이나 생각 등을 자신의 말이나 글 속에 끌어 쓰는 일을 말해. 중요한 것은 인용하는 부분의 원작자와 출전을 밝히고, 원작자에게 사용하는 것에 대해 허락을 받아야 한다는 거야. 그렇지 않은 경우에는 표절이 될 수 있어. 또한 원래의 내용을 임의로 바꾸어서 본래의 의미를 변질시켜서도 안 돼. 인용과 표절을 구분하는 방법을 잘 알아두고,

더불어 저작권·표절·인용의 개념도 잘 정리하자.

글을 쓸 때 글쓰기 윤리를 반드시 지켜야 한다는 것도 꼭 기억해. 사람들은 보통 다른 사람의 돈이나 물건을 빼앗고 훔치는 것은 큰 죄라고 생각하지만, 다른 사람의 글을 베끼는 일에는 큰 죄책감을 느끼지 않는 것 같아. 하지만 남의 글이나 생각을 베껴 쓰는 것이 지금은 별일이 아닌 것처럼 여겨질지라도, 그 행동에는 도덕적인 책임뿐만 아니라 더할 경우 법률적인 책임까지 따른다는 것을 반드시 명심해야 해.

지식 더하기

올바른 저작물 이용법

1. 어떤 저작물을 이용할 것인지 결정한다.

2. 그 저작물이 보호받는 것인지 확인한다.

3. 저작물의 이용 방식이 저작권법에 허용되는 방식인지 확인한다.

4. 저작권자에게 저작물의 제목과 이용하려는 방법 등을 자세히 알리고 이용에 대한 허락을 받는다.

5. 허락받은 범위 내에서만 이용하되 저작권자의 의사에 따라 출처 표시를 명확히 한다.

영상 언어로 이야기는 어떻게 만들죠?

영상 언어는 문자 언어나 음성 언어로만 표현할 때보다 더 풍부한 정보를 제공할 수 있으며, 시각 이미지, 소리, 자막으로 구성된다.

선생님이 중학교에 다닐 때만해도 스마트폰은커녕 휴대 전화도 없었어. 상상이 가니? 인터넷도 없어서 학교 숙제를 하려면 동네 도서관에 가서 책이나 신문을 찾아봐야 했단다. 그런데 시간이 지나고 휴대 전화가 보급되면서 원하면 언제든지 사진도 찍을 수 있고, 화질도 갈수록 좋아지고 있어. 심지어 동영상까지 자유롭게 찍을 수 있고 편집도 할 수 있는 시대가 되었지.

이런 시대의 변화 속에서 사람들은 무언가를 표현할 때 음성 언어나 문자 언어뿐 아니라 영상 언어도 사용하기 시작했고, 그러한 흐름은 더욱 거세지고 있단다. 그래서 우리 말과 글을 배우는 국어 과목에서도 영상 언어를 다루는 단원이 보이는 거지.

선생님이 이렇게 영상 언어가 출현한 배경에 대해 설명하는 이유는 많은 친구들이 "왜 국어 시간에 영상을 배워요?" "왜 영상이 언어예요?"라고 물어보기 때문이야. 언어는 자신의 생각과 느낌, 정보를 전달하는 수단이므로 영상도 언어가 될 수 있단다.

영상은 우리에게 '동영상'이라는 말로 더 익숙하지. 최근에 봤던 동영상을 떠올려보며 영상을 구성하는 요소에는 무엇이 있는지 알아볼까? 먼저 영상에는 인물이나 사건의 연속된 움직임을 표현하는 '시각 이미지'가 있고, 인물의 음성·효과음·해설·음악 등 '소리'도 있지. 또한 인물의 말과 해설을 요약하거나 장면을 이해하는 데 도움이 되는 추가 정

보를 제시할 때 사용하는 문자 언어인 '자막'이 있어. 이런 것들이 바로 영상 언어를 구성하는 요소야.

그러면 표현하고자 하는 내용을 영상으로 만든다고 했을 때, 어떤 절차에 따라 어떻게 만들어야 할까? 첫째로 기획 의도를 명확히 하고 줄거리와 일정, 준비 사항 등을 정리해야 해. 예를 들면 '교내에서 개최되는 재미있는 동영상 대회에서 사람들에게 재미와 감동을 주어 우승해야지.'라는 의도 아래 준비 사항을 정리하는 거지.

둘째, 내용의 구체적인 순서를 정하는 거야. 어떤 장면들을 어떤 순서로 찍을 건지 생각하는 거지. 다음 예를 한번 볼까?

> 예 S#1 선생님 책상 위에 놓인 하얀 편지
>
> S#2 영수네 집 저녁 풍경
>
> S#3…

영상을 만들 때는 대개 시나리오라는 것을 작성하는데 이때 한 장면을 표시하는 기호로 'S#'을 쓴단다. 즉 위 예시에서는 '선생님 책상 위에 놓인 하얀 편지'가 장면 1이 되는 거고, '영수네 집 저녁 풍경'이 장면 2가 되는 거야. 이런 순서로 영상이 제작된다는 뜻이지.

셋째, 구성안을 통해 분할되고 구성된 각 장면을 대사와 지문으로 표현하는 시나리오를 작성해. 시나리오에는 누가 어떤 말을 어떤 식으로 할지 구체적으로 써주는 게 좋아. 다음에 제시된 예시처럼 말이야.

예 S#2 영수네 거실

영수 엄마: (침울한 표정으로) 이번에 터진 집안 일로 이사를 가야 할 것

같다.

영수: (눈을 크게 뜨며) 네?

넷째, 스토리보드를 작성해. 시나리오에서 구성한 장면을 촬영할 영상

물의 이미지를 고려해 그림으로 시각화하는 거지.

다섯째, 영상을 본격적으로 촬영한 뒤 편집을 해. 촬영 후 의도한 영상을

선택해 자막·효과음·음악 등을 시각적 이미지와 결합하면 된단다.

마지막으로 영상을 평가해야 해. 영상이 의도한 대로 잘 만들어졌는지

평가할 때는 표현하고자 했던 이야기의 구성, 영상 언어의 활용, 보는 이

의 흥미 등을 고려하면 돼.

영상 언어는 음성 언어와 문자 언어보다 더 구체적이고 직접적으로 대

상을 전달한다는 특성이 있어. 영상과 함께 음성·문자·소리·음악 등 다

양한 영상 언어가 함께 사용되기 때문에 더 풍부하고 효과적으로 내용을

전달할 수 있어 많이 제작된다는 것도 기억해.

스토리보드

주요 장면을 그림이나 사진 등으로 정리한 계획표다. 스토리(story), 즉 내용을 보는 이가 이해할 수 있도록 그림으로 그려 정리한 판(board)이라는 뜻이다. 주요 장면을 앞으로 완성해야 할 영상에 가깝게 표현해 미리 보여주는 기능을 한다. 기획 단계에서 시나리오를 구체적으로 시각화하는 도구로 쓰이며 촬영장에서는 제작진 사이의 의사소통을 위한 중요한 도구로 쓰인다.

영상 언어의 의미 단위 '숏(shot)'

숏은 카메라가 작동하는 순간부터 멈출 때까지 하나의 사물이나 장면을 연속적으로 촬영한 기본 단위다. 카메라와 대상의 거리, 카메라가 대상을 비추는 각도, 카메라의 움직임, 조명, 색채 등으로 구성된다.

언어의 본질, 음운 체계, 품사, 단어의 형성,

문장 성분, 문법 요소, 어문 규범, 한글의 창제 원리 등

국어를 운용하는 원리에 대한 이해와 탐구를 바탕으로

중학교 교육 과정에서 등장하는

문법적인 지식을 살펴봐요.

4장

국어 공부의
왕도는 문법이다

언어의 본질은 무엇일까요?

언어가 가지는 기본적인 성질을 '언어의 본질'이라고 한다.
언어의 본질에는 자의성·사회성·규칙성·역사성·창조성 등이 있다.

우리 친구들, 문법을 본격적으로 배우기에 앞서 가장 기본이 되는 언어의 본질에 대해 살펴볼 거야. 언어의 본질은 국어에만 적용되는 것이 아니라 모든 언어에 적용돼.

선생님 이름이 뭐지? 맞아, '송은영'이야. 그런데 선생님이 태어났을 때 선생님 형제의 이름이 다 '하' 자로 시작하는 이름이어서 처음에는 이름을 '하영'이라고 지으려고 했대. 그런데 누군가의 추천으로 지금의 '은영'이가 되었다고 그러더라. 어쩌면 선생님은 '소영'이가 되었을 수도 있고, '은지'가 되었을 수도 있어. 즉 선생님을 가리키는 언어가 필요했을 때, 그 이름을 반드시 '은영'이라고 지을 필연적인 이유는 없었던 거야.

이는 언어의 의미와 기호가 반드시 필연적으로 결합하지 않는다는 것을 뜻해. 그냥 우연하게 자의적으로 결합한 거야. 이를 바로 언어의 자의성이라고 해.

책이라는 대상을 가리키며 '책'이라고 쓰고, 〔책〕이라고 부르는 것은 어떻게 하다 보니 우연히 그렇게 된 거야. 그러니까 영어로는 〔북〕이라고 부르고, 중국어로는 〔츠어〕라고 부르는 거지. 하나의 대상을 다른 말로 가리키는 것이 모두 '자의성'을 뒷받침하는 예라고 할 수 있어.

그럼 언어는 우연하게 결합해서 된 것이니까 마음대로 바꿔도 되는 것일까? 오늘부터 나를 '송은영'이 아닌 '송하영'으로 불러달라고 할 수 있을까? 아무리 언어가 자의적으로 결합한 의미와 기호라고는 하지만, 일단 그것이 사회적으로 인정된 다음에는 개인이 임의대로 언어를 바꿀 수는 없어. 내 마음대로 '남자'를 '필통'으로 바꾸어 부른다면 주변 사람들과 대화할 때 의미가 통하지 않을 거야. 정해진 언어는 그 언어를 사용하는 사람들 사이의 약속이기 때문이지. 그게 바로 언어의 사회성이야.

그런데 언어는 사회적으로 정해진 약속이기 때문에 절대로 변하지 않을까? 그건 또 그렇지 않아. 예전에는 '강(江)'을 고유어로 '가람'이라고 했어. 그렇지만 이제 '가람'이라는 말은 쓰이지 않아. 조선 시대에 '어리다'는 '어리석다'라는 뜻으로 쓰였는데 이제는 의미가 변해 '나이가 적다'라는 뜻으로 쓰여. 개화기 때 '인터넷' '스마트폰'이라는 말이 있었을까? 없었지. 현대에 와서 생긴 말이야. 이렇게 언어는 시간의 흐름에 따라 끊임없이 생성·성장·소멸하는 등 변화해. 이를 언어의 역사성이라고 한단다.

문법을 배우기에 앞서 언어의 중요한 개념을 정리하고 있는데, 그러면 문법은 무엇일까? 문법은 말과 글에 대한 규칙을 말해. 즉 언어에는 '규칙'이 있다는 거지. 그래서 우리는 "밥에서 나를 먹겠어요."라는 문장을 읽으면 어색하다고 느끼는 거야. 조사·시제·어순 등 정해진 규칙에 맞게 말과 글을 써야 원활한 의사소통이 이루어질 수 있어. 이처럼 사람이 사용하는 언어에는 일정한 규칙과 체계, 즉 문법이 있다는 게 바로 언어의 규칙성이란다.

또 다른 언어의 본질을 살펴볼까? 언어는 한정된 음운으로 무수히 많은 말들을 만들 수 있지. 예를 들어 '기러기'와 '아빠'라는 기존의 말들을 결합해 '기러기 아빠'라는 새로운 말을 만들어낼 수 있어. 이렇게 한정된 음운이나 어휘로 새로운 단어나 문장을 무한하게 만들어 쓸 수 있는 특성을 언어의 창조성이라고 해.

이렇게 언어의 본질에 대해 살펴봤어. 조금 정리가 되었니? 언어의 본질이 무엇인지 알아야 그 언어에 대해 좀더 깊이 있는 이해가 가능하니 여기서 배운 기본 개념들을 잘 익혀두도록 하자. 언어의 본질에는 자의성·사회성·역사성·규칙성·창조성이 있다는 점을 꼭 명심해!

언어의 기능

기능	정의와 예시
정보적(지시적)	말하는 이가 어떤 사실·정보·지식에 대한 내용을 듣는 이에게 알려주는 기능 예 송은영은 국어 선생님이다.
정서적(표현적)	말하는 이의 감정이나 태도 등을 표현하는 기능 예 나는 쇼팽의 음악이 참 좋다. / 에구머니나! / 아이고, 아파!
명령적(감화적)	말하는 이가 듣는 이에게 무엇을 하게 하거나 하지 않게 하는 기능 예 게임 그만하고 공부 좀 해라.
친교적(사교적)	말하는 이와 듣는 이가 친밀하고 원만한 관계를 형성하게 하는 기능 예 오늘도 좋은 아침입니다.
미적(미학적)	듣는 이의 감정이나 정서를 불러일으키려는 의도에서 쓰이거나 말의 아름다움을 표현하는 기능 예 내 마음은 호수요 / 그대 노 저어 오오

자음의 체계는
어떻게 되어 있을까요?

말의 뜻을 다르게 하는 음운의 종류에는 자음과 모음, 소리의 길이가 있다.
자음은 발음하는 방법과 발음하는 위치에 따라 나눌 수 있다.

　　이제 좀 긴장해야 할 거야. 왜냐하면 문법을 공부할 거거든. 문법은 많은 친구들이 어려워하는 부분이고, 또 기피하는 부분이기도 해. 그러나 우리가 쓰는 말의 체계를 알고, 남들이 힘들어하는 부분을 확실히 소화한다면 다른 사람과 비교해서 실력과 성적의 차이를 확보할 수 있을 거야. 앞으로 나올 '음운'과 관련된 부분은 발음과 관련되어 있으니 적극적으로 발음하면서 공부해보자.

　　'공'과 '강'은 뜻이 달라. 왜 뜻이 다를까? 맞아, 'ㅗ'와 'ㅏ'가 다르기 때문에 뜻이 달라져. '강'과 '감'의 뜻이 다른 것도 받침으로 쓰인 'ㅇ'과 'ㅁ' 때문이지. 즉 'ㅗ, ㅏ, ㅇ, ㅁ' 등과 같은 것들이 단어의 뜻을 다르게 한 거야. 이처럼 뜻을 다르게 하는 소리의 가장 작은 단위를 음운이라고 해. 음운에는 자음과 모음, 그리고 소리의 길이가 있어. '밤'을 길게 발음하면 '먹는 밤'을 뜻하고, 짧게 발음하면 '캄캄한 밤'을 뜻하지. 이렇게 뜻을 다르게 하는 소리의 길이도 음운이 된단다.

자음에 대해서 살펴보자. 사람은 발음할 때 허파에서 공기가 나오는데, 그 공기의 흐름이 장애를 받는 소리가 자음이야. 이제 기준을 세워 자음을 분류해보자. 'ㄱ, ㄷ, ㅂ'을 발음해볼까? 자음은 단독으로 소리를 낼 수 없기 때문에 자음만으로는 발음할 수 없을 거야. 그래서 '그'나 '기'처럼 모음의 도움을 받아야 발음을 낼 수 있지. '그'를 발음한다고 할 때 앞부분의 소리가 'ㄱ' 소리인데 무언가 막혔다가 터지듯이 발음될 거야. 그런 소리를 파열음이라고 해. 그럼 'ㅅ'을 발음해봐. '스'를 발음한다고 할 때(스으으으~ 꼭 해봐야 해!) 공기를 좁은 틈 사이로 내보내 마찰을 일으키면서 소리를 낼 거야. 이런 소리를 마찰음이라고 해.

그리고 'ㅈ' 소리를 내봐. '즈으으으'라고 할 때 처음에는 막혔던 부분이 터지듯이 소리가 나지만, 나중에는 쓸리듯이 마찰을 일으키면서 소리를 내지. 이것은 파열음과 마찰음의 성격을 둘 다 가지고 있어서 파찰음이라고 해. 이렇듯 소리 내는 방법에 따라 파열음·파찰음·마찰음으로 구분된단다.

또 자음은 대부분 안울림소리야. 모음은 다 울림소리지. 그런데 자음 중에서도 공기의 흐름이 막힘없이 나는 울림소리 4개가 있어. 바로 'ㄴ, ㅁ, ㅇ, ㄹ'이지. '나무아래'라고 초성을 활용해 외우면 쉬워. 이 중에서

⋮ 자음 체계표 ⋮

조음 방법		조음 위치 →	입술소리 (두 입술)	허끝소리 (윗잇몸과 혀끝)	센입천장 소리 (센입천장과 혓바닥)	여린입 천장소리 (여린입천장과 혀뒤)	목청소리 (목청 사이)
안울림소리	파열음	예사소리	ㅂ	ㄷ		ㄱ	
		된소리	ㅃ	ㄸ		ㄲ	
		거센소리	ㅍ	ㅌ		ㅋ	
	파찰음	예사소리			ㅈ		
		된소리			ㅉ		
		거센소리			ㅊ		
	마찰음	예사소리		ㅅ			ㅎ
		된소리		ㅆ			
울림소리	비음		ㅁ	ㄴ		ㅇ	
	유음			ㄹ			

코를 막고 발음했을 때 'ㄴ, ㅁ, ㅇ'은 코막힌 소리가 날 거야. 즉 코의 영향을 받으며 소리가 나지. 그런데 'ㄹ'은 코를 막고 발음해도 깨끗한 소리가 나. 지금 발음해보고 있지? 'ㄹ'은 콧소리가 아니라 공기를 그 양옆으로 흘려보내면서 내는 소리야. 그래서 'ㄴ, ㅁ, ㅇ'을 콧소리(비음)라고 하고, 'ㄹ'을 흐르는 소리(유음)라고 하지.

이제 자음이 어느 위치에서 소리가 나는지 볼까? 'ㅂ, ㅃ, ㅍ, ㅁ'을 발음해봐. 물론 단독으로 발음이 안 되니까 '브, 쁘, 프, 므'로 발음해야 하지. 반드시 입술이 붙었다 떨어지면서 소리가 날 거야. 이렇게 입술을 이용해서 발음되기 때문에 'ㅂ, ㅃ, ㅍ, ㅁ'은 입술소리(순음·양순음)라고 해.

이번에는 'ㄷ, ㄸ, ㅌ, ㄴ, ㄹ'을 발음해봐. 혀끝이 윗잇몸 안쪽에 닿아 잇몸과 혀끝이 만나면서 소리가 나. 한번 해봐. 그렇지? 그래서 'ㄷ, ㄸ, ㅌ, ㄴ, ㄹ'을 혀끝소리, 잇몸소리(설단음·치조음)라고 해.

우리 입안의 입천장에는 딱딱한 부분이 있고, 목구멍 근처의 말랑말랑한 부분이 있어. 'ㅈ, ㅉ, ㅊ'은 입천장의 딱딱한 부분과 혓바닥이 닿으면서 소리가 나지. 그래서 딱딱한 입천장 소리라는 뜻으로 센입천장소리(경구개음)라고 해. 반면 'ㄱ, ㄲ, ㅇ'은 어떨까? 목구멍 근처의 말랑말랑한 입천장과 혀 뒤가 닿으면서 소리가 나. 그래서 'ㄱ, ㄲ, ㅇ'을 여린입천장소리(연구개음)라고 한단다.

마지막으로 'ㅎ'은 어디에서 소리가 날까? 아무 데도 안 닿으면서 목청에서 '훅' 소리가 나. '흐흐흐'라고 발음해봐. 아무 데도 닿지 않지? 그래서 'ㅎ'을 목청소리(후음)라고 해.

지금 해본 것은 소리 나는 위치에 따라 자음을 구분한 거야. 이렇게 자음은 소리 내는 방법에 따라 파열음·파찰음·마찰음으로 나뉘고, 울림소리 중에서도 비음과 유음으로 나눌 수 있어. 또 소리 나는 위치에 따라서 입술소리·혀끝소리·센입천장소리·여린입천장소리·목청소리로 구분할 수 있지.

소리의 세기에 따른 분류

• 우리말은 '예사소리─된소리─거센소리'의 3중 체계로 나뉜다는 특징이 있다.

• 예사소리와 비교할 때 된소리는 성대가 긴장되어 발음되며, 거센소리는 숨이

거세게 나오며 발음된다.

예 'ㄱ─ㄲ─ㅋ' 'ㄷ─ㄸ─ㅌ' 'ㅂ─ㅃ─ㅍ' 'ㅈ─ㅉ─ㅊ' 'ㅅ─ㅆ'(ㅅ은 거센소리가 없음)

모음의 체계는
어떻게 되어 있을까요?

모음은 이중모음과 단모음으로 분류되며
이중모음과 단모음은 발음할 때의 혀의 위치나 높이, 입술의 모양에 따라 분류된다.

앞에서 자음은 발음할 때 허파에서 나오는 공기가 발음기관의 장애를 받는다고 했지? 이와 달리 모음은 공기가 장애를 받지 않고 순조롭게 나오는 소리를 말해. 그리고 자음은 단독으로 발음할 수 없었잖아. 그래서 'ㄱ'을 발음할 때는 '그'라고 발음하면서 모음의 도움을 받을 수밖에 없었지. 그러나 모음은 단독으로 발음할 수 있어. '아, 야, 어, 여…'라고 발음해봐. 걸리는 부분 없이 쭉 발음이 되지.

그런데 여기서 잠깐! '아'에 쓰이는 'ㅇ'은 자음일까? 아니야. 모음 앞에 쓰이는 'ㅇ'은 소릿값이 없는, 그냥 형식적으로 쓰는 기호란다. 그러니까 '가'에 쓰이는 'ㄱ'은 자음으로 인정하지만 '아'에 쓰이는 'ㅇ'은 자

단모음 체계표

혀의 앞뒤	앞(전설모음)		뒤(후설모음)	
입술의 모양 / 혀의 높이	둥글지 않은 입술 모양 (평순모음)	둥근 입술 모양 (원순모음)	둥글지 않은 입술 모양 (평순모음)	둥근 입술 모양 (원순모음)
높음(고모음)	ㅣ	ㅟ	ㅡ	ㅜ
중간(중모음)	ㅔ	ㅚ	ㅓ	ㅗ
낮음(저모음)	ㅐ		ㅏ	

음이 아니야.

그럼 이제 본격적으로 모음이 무엇인지 살펴볼까? '아'를 발음해봐. 발음하는 동안 입술의 모양이 바뀌거나 혀의 위치가 전혀 바뀌지 않아. 이런 모음을 단모음이라고 해. 단모음에는 'ㅏ, ㅐ, ㅓ, ㅔ, ㅗ, ㅚ, ㅜ, ㅟ, ㅡ, ㅣ'가 있어.

이와 달리 '야'를 발음해 봐. 천천히 발음해보면 'ㅣ'에서 'ㅏ'로 가면서 'ㅑ'라고 발음돼. 즉 입술의 모양이나 혀의 위치가 바뀌면서 소리가 나지. 이렇게 입술의 모양이나 혀의 위치가 바뀌며 소리가 나는 모음을 이중모음이라고 한단다. 이중모음에는 'ㅑ, ㅒ, ㅕ, ㅖ, ㅘ, ㅙ, ㅛ, ㅝ, ㅞ, ㅠ, ㅢ'가 있어. 모음 중에서 단모음을 외우고 단모음이 아닌 것을 이중모음이라고 생각하면 돼.

모음의 종류를 알아봤으니까 이제 단모음을 기준에 따라 분류해볼까? 단모음은 일단 혀의 위치에 따라 구분할 수 있어. 혀의 위치가 앞인지 뒤인지에 따라 구분하지. 그런데 이건 상대적인 거라서 발음하면서 비교해보는 게 좋아. 'ㅣ, ㅔ, ㅐ, ㅟ, ㅚ'를 발음하고 바로 'ㅡ, ㅓ, ㅏ, ㅜ, ㅗ'를 발음해봐. 해보면 'ㅣ, ㅔ, ㅐ, ㅟ, ㅚ'는 혀가 앞에 위치하고, 'ㅡ, ㅓ, ㅏ, ㅜ, ㅗ'는 혀가 뒤로 쑥 밀려 위치한다는 것을 알 수 있어. 그래서 'ㅣ, ㅔ, ㅐ, ㅟ, ㅚ'를 전설모음이라고 하고 'ㅡ, ㅓ, ㅏ, ㅜ, ㅗ'를 후설모음이라고 해.

그 밖에 혀의 높이에 따라 모음을 구분할 수도 있어. 'ㅣ, ㅔ, ㅐ'를 차례로 발음해볼래? 점점 입은 벌어지고 혀의 높이는 낮아짐을 알 수 있을 거야. 'ㅣ'는 혀의 위치가 가장 높은 고모음, 'ㅔ'는 혀의 위치가 중간인 중모음, 'ㅐ'는 혀의 위치가 가장 낮은 저모음이 돼. 이렇게 혀의 높이에 따라 고모음·중모음·저모음으로 나뉘지.

모음을 나누는 세 번째 기준은 바로 입술의 모양이야. 'ㅣ, ㅔ, ㅐ, ㅡ, ㅓ, ㅏ'를 발음해봐. 그러면서 거울을 보고 입술의 모양을 확인해볼래? 아마 모양이 평평할 거야. 이를 평순모음이라고 해. 이제 'ㅟ, ㅚ, ㅜ, ㅗ'를 발음해봐. 입술의 모양이 둥글 거야. 이를 원순모음이라고 해.

열심히 발음해본 친구들은 모음 이해 완료! 다시 한 번 강조하지만 모음은 혀의 위치나 높이, 입술의 모양에 따라 나뉜다는 것을 꼭 기억해. 그리고 단모음에 해당하는 10개를 꼭 외우고 기억해두자.

음절에 대해 알아보자

음절은 한 번에 발음되는 단위로, 음절을 구성하는 요소는 다음과 같다.

요소	모음	자음 + 모음	모음 + 자음	자음 + 모음 + 자음
예	[아] [어]	[나] [너]	[압] [억]	[강] [산]

품사란 무엇이고 어떤 것이 있나요?

단어들을 공통된 성질끼리 모아 갈래를 지어놓은 것을 품사라고 한다.
우리말에는 9가지 품사가 있다.

세상에는 정말 많은 단어가 있어. 단어가 뭐냐고? 단어는 자립할 수 있거나 앞말과 쉽게 분리되는 가장 작은 단위야. 즉 우리가 명사·대명사·동사 등으로 구분하는 그 단위를 단어라고 해. 아는 단어 5개만 헤아려봐. '사랑' '먹다' '예쁘다' '앗' '다른' 등 많은 단어가 떠오르지. 그 많은 단어를 기준을 세워서 분류한 게 바로 품사야. 분류에는 기준이 필요하지. 기준은 3개인데 바로 형태·기능·의미야.

첫째, 형태가 어떻게 변하는지에 따라 나눌 수 있어. '사랑'이라는 단어는 형태가 변하니? 그렇지 않아. '사랭' '사롱' '사루' 등 이런 식으로 형태가 변하지도 않고, 이 단어들이 '사랑'을 의미하지도 않지. 그런데 '먹다'

는 어떠니? '먹다, 먹고, 먹니, 먹어…' 등으로 형태가 변해. 그래서 명사와 같이 형태가 변하지 않는 단어를 불변어라고 하고, 동사나 형용사 같이 형태가 변하는 단어를 가변어라고 한단다.

둘째, 문장에서 어떤 기능을 하는지에 따라 나눌 수 있어. '예쁘다' '먹다' '자다'와 같은 동사나 형용사는 주로 문장에서 서술어로 쓰이지. 형태가 변하면서 서술어의 기능을 하기 때문에 이들을 용언이라고 해. 이처럼 문장 안에서 어떤 기능을 하는지에 따라 체언·관계언·수식언·용언·독립언으로 나눌 수 있어.

셋째, 단어가 어떤 의미를 가지는지에 따라 나눌 수 있어. '하나' '둘' '첫째' 등은 수량이나 순서의 의미를 지닌다는 공통점이 있지. 이런 것을 '수사'라고 해. 이렇게 단어는 의미에 따라 명사·대명사·수사·조사·관형사·부사·동사·형용사·감탄사로 나뉘어. 보통 우리가 말하는 품사는 이렇게 생긴 거란다.

품사를 나누는 기준에 대해 살펴보았으니 품사를 세부적으로 알아보자. 품사는 문법 공부의 기본이라고 할 수 있으니 두 눈 크게 뜨고 집중해야 해.

첫째, 체언에 속하는 명사·대명사·수사를 살펴보자. '연필' '선생님' '일기' '그루' '개'처럼 사람이나 사물의 이름을 나타내는 말을 명사라고 해. 그리고 "그가 그렇게 말했잖아."라고 말할 때 '그'는 이름이 없을까? 아니야, 그의 이름을 대신해서 '그'라고 한 거지. 이렇듯 이름을 대신해서 가리키는 말, 즉 '그' '이것' '저것' '여기' '우리' '당신'과 같은 말을 대명사라고 해. 또 '하나' '둘' '셋' '넷' '둘째' '셋째'와 같은 말을 수사라고 해. 그리고 이것들을 체언이라고 하지.

왜 체언으로 묶일 수 있느냐면 주로 문장에서 주어·서술어·보어 등으로 쓰이고, 뒤에 나오는 조사와 결합해서 쓰이기도 한다는 공통점이 있기 때문이야. 여기서 문제! 그럼 체언은 불변어일까, 가변어일까? 맞아, 잘했어. 체언은 불변어야.

둘째, 용언에 속하는 것은 동사와 형용사야. 용언은 참 특이한 녀석이야. 활용을 하거든. 이 말은 용언은 형태가 변하는 가변어라는 뜻이야. '자다, 자니, 자고…' '아름답다, 아름다워, 아름다울까…' 등으로 형태가 변하지. 가장 중요한 포인트니까 꼭 기억해. '가다' '주다'처럼 대상의 동작이나 작용을 나타내는 말은 동사라고 해. '예쁘다' '아프다' '하얗다'처럼 대상의 성질과 상태를 나타내는 말은 형용사라고 하지.

다시 말하지만 용언은 형태가 변해. 예를 들어 '먹다'는 '먹고, 먹지, 먹니, 먹게…' 등으로 활용해. 여기서 형태가 변하지 않는 부분 '먹-'을 '어간'이라고 하고, 형태가 변하는 부분 '-고' '-지' '-니' '-게'를 '어미'라고 한단다. 동사와 형용사를 잘 구분할 수 있어야 문장 성분을 배울 때 서술어를 잘 찾아낼 수 있으니 꼭 기억해두자.

셋째, 관계언에 속하는 조사를 알아보자. 요 녀석도 참 특이해. 단어는 원래 독립적으로 쓰일 수 있잖아. 그런데 조사는 자립해서 쓸 수 없어. 조사는 개별적인 의미를 가진다기보다는 문장 안에서 '관계'를 드러내줘. 예를 들어 '철수가 은영이를 좋아한다.'라는 문장과 '철수를 은영이가 좋아

형태 기준	기능 기준		의미 기준	예
불변어	체언	명사	대상의 이름을 나타냄	연필, 선생님, 일기, 그루, 개
		대명사	대상의 이름을 대신 나타냄	그, 이것, 저것, 여기, 우리, 당신
		수사	대상의 수량이나 순서를 나타냄	하나, 둘, 셋, 넷, 둘째, 셋째
가변어	관계언	조사	체언이나 부사, 어미 등에 붙어 문법적 관계를 나타내거나(격조사) 특별한 뜻을 더해줌(보조사)	이/가, 을/를, 도, 만
				서술격조사 '이다'
	용언	동사	대상의 동작이나 작용을 나타냄	가다, 주다
		형용사	대상의 성질이나 상태를 나타냄	예쁘다, 아프다
불변어	수식언	관형사	체언 앞에 놓여서 체언의 내용을 꾸며줌	새, 헌, 한
		부사	용언, 관형사, 다른 부사 또는 문장 앞에 놓여서 그 뜻을 분명하게 함	갑자기, 몰래, 빨리, 매우, 그리고
	독립언	감탄사	놀람·느낌·부름·응답을 나타냄	앗, 아이코

한다.'라는 문장은 달라. 밑줄 친 조사가 달라지면서 의미가 변화한 거야.

조사에는 문장에서 자격을 가지게 해주는 격조사가 있고, 특별한 뜻을 더해주는 보조사가 있어. '은영이가 빵만 먹는다.'라는 문장에서 '가'는 '은영이'가 이 문장의 주어임을 나타내주는 주격조사이고, '만'은 '단독'의 의미를 더해주는 보조사야. 문장 성분(주어·목적어·서술어 등)을 찾을 때 격조사를 잘 찾아내는 데 도움이 되니 잘 정리해둬. 격조사의 종류는 뒤에 '지식 더하기'에 따로 정리해두었으니 참고하렴.

넷째, 수식언에 속하는 품사는 관형사와 부사야. 수식언은 말 그대로 다른 말을 수식해주는 아이들이야. 여기서 중요한 것은 무엇을 수식하냐는 거지. 관형사는 '새' '헌' '한'처럼 체언 앞에 놓여서 체언의 내용을 꾸며주는 말을 말해. 부사는 '갑자기' '몰래' '빨리' '매우' '그리고'처럼 용언과 관형사, 다른 부사 또는 문장 앞에 놓여서 그 뜻을 분명하게 하는 말을 말해. 부사는 주로 용언을 꾸미지만 다른 아이들도 꾸미는 다재다능한 녀석이야.

그래서 이렇게 외우는 것을 추천할게. '관체부용', 즉 관형사는 체언을 수식하고 부사는 용언을 수식한다고 말이야. 예를 들어 '새 책이 아주 좋다.'라는 문장을 살펴보면 여기서 체언인 '책'을 꾸며주는 '새'는 관형사이고, 용언인 '좋다'를 꾸며주는 '아주'는 부사란다.

마지막으로 독립언에 속하는 감탄사를 살펴보자. 감탄사는 다른 아이들이랑 놀지 않고 혼자서도 독립적으로 쓰일 수 있어서 독립언에 속하지. 예를 들면 '앗' '아이코' '야' 등 놀람·느낌·부름·응답을 나타내는 말이 바로 감탄사야.

이렇게 의미상의 9품사가 완성된단다. 조금 어렵지? 이해가 잘 안 된다면 한눈에 볼 수 있게 앞쪽에 표로도 정리했으니 다시 한 번 꼼꼼히 살펴보며 개념을 잘 다져두자.

격조사의 종류

조사에는 격조사와 보조사가 있는데, 격조사의 종류를 아는 것은 문장 성분을 파악하는 데 매우 유용하다. 특히 서술격조사는 동사·형용사와 더불어 형태가 변하며 활용한다.

구분	격조사의 종류	예
주격조사	이/가, 께서, 에서 ⋯ '께서'는 앞에 나오는 체언을 높일 때, '에서'는 앞에 나오는 체언이 단체·집단일 때 쓰임	내가 간다.
목적격조사	을/를	영화를 보다.
보격조사	이/가 ⋯ 여기서 '이/가'는 '되다' '아니다' 앞에 오는 것으로, 주격조사와 구별됨	나는 더이상 소녀가 아니다.
서술격조사	이다 ⋯ 다른 조사들과는 달리 활용한다는 특징이 있음	나는 공무원이다.
관형격조사	의 ⋯ 체언과 체언을 이어줌	나의 열정이다.
부사격조사	에, 에게, 에서 ⋯ 조사 중 가장 다양하고 복잡한 양상을 띰	공원에서 만나자.
호격조사	아, 야, 이여	선영아, 사랑해.

단어는 어떻게
짜여 있나요?

단어는 하나의 어근만으로 이루어진 단일어와
둘 이상의 어근이 결합하거나 어근과 접사로 이루어진 복합어로 나뉜다.

단어의 짜임을 알기 위해서는 반드시 필요한 개념이 있어. 형태소와 어근, 접사의 개념이야. 형태소는 뜻을 가지는 가장 작은 단위를 말해. '하늘'이라는 단어를 '하'와 '늘'로 쪼갠다면 원래 '하늘'이 가지고 있는 의미를 잃어버리지. 그래서 '하늘'이 하나의 형태소야. 그런데 '돌다리'라는 단어는 '돌'과 '다리'라는 각각의 의미를 지니는 형태소로 나눌 수 있어.

형태소가 결합해 단어를 형성할 때 실질적인 의미를 나타내는 부분(실질형태소)을 어근이라고 하고, 어근에 붙어 그 뜻을 제한하는 부분을 접사라고 해. 예를 들어 '손발'은 '손'과 '발'이라는 형태소로 나뉘어. '손'은 실질적인 의미를 가지고 있니, 아니면 다른 말에 붙어 뜻을 더해주니? 실질적인 의미를 가지지. 발도 마찬가지야. 그러니까 '손'과 '발' 둘 다 어근으로 볼 수 있지. 즉 '손발'은 어근과 어근이 결합된 단어인 거야.

이번에는 '맨발'이라는 단어를 볼까? '맨-'과 '발'로 형태소를 나눌 수 있어. '맨-'은 홀로 쓸 수 없고, 반드시 다른 말에 붙어 그 뜻을 더해주는 역할을 하지? '맨-'만 혼자 실질적인 뜻을 가지면서 쓰일 수 없어. 그래서 '맨-'은 접사란다. '맨-'은 접사고 '발'은 어근이지. 그래서 '맨발'은 접사와 어근으로 결합된 단어야.

그럼 '바다'는 어떨까? 나뉘는 형태소 없이 하나의 어근으로 이루어진 단어야. 이렇게 하나의 어근으로 이루어진 단어도 있어. '꽃' '산' '하늘' '시나브로'처럼 하나의 어근으로 이루어진 단어를 단일어라고 해.

이와 달리 둘 이상의 어근을 결합하거나 어근과 접사로 이루어진 단어를 복합어라고 해. 복합어는 또 파생어와 합성어로 나뉜단다. 우선 '멋쟁이' '넓이' '햇곡식' '새까맣다'의 단어를 형태소로 나누어보고, 형태소가 접사인지, 어근인지 구분해보자. '멋쟁이' '넓이' '햇곡식' '새까맣다'에서 밑줄 친 부분이 접사이고, 밑줄 치지 않은 부분은 어근이야. 이렇게 접사와 어근으로 이루어진 단어를 복합어 중에 파생어라고 해. 접사는 붙은 위치에 따라 2가지로 나뉘어. 접사가 어근 앞에 붙으면 접두사라고 하고 (햇곡식, 새까맣다), 접사가 어근 뒤에 붙으면 접미사라고 해(멋쟁이, 넓이).

이번에는 '돌다리' '손수건' '군밤' '날짐승'을 형태소로 나누어볼래? 그리고 이것들이 어떻게 구성되어 있는지 생각해봐. '돌+다리' '손+수건' '군(구운)+밤' '날(나는)+짐승'처럼 나뉘는데, 다 각각 실질적인 뜻을

가지는 어근이야. 그러니까 '어근+어근'으로 이루어진 거지. 이렇게 어근과 어근의 결합으로 이루어진 단어를 복합어 중에 합성어라고 해.

이제 단어의 체계를 알겠지? 하나의 어근으로 이루어진 단어를 단일어, 2개 이상의 형태소로 이루어진 단어를 복합어라고 해. 여기서 복합어는 '어근+어근'으로 구성되는 단어인 합성어, '어근+접사'로 구성되는 단어인 파생어로 나뉜단다.

우리말에는 특히 이러한 단어의 형성법이 잘 발달되어 있어. 영어로 '눈물'은 'tears'라는 단어를 쓰지. '눈+물'로 본다면 'eye water'라는 단어를 써야겠지만, 영어에서는 단어가 합성되기보다는 새로운 단어가 형성돼. 하지만 우리말은 기존에 있는 단어들을 결합해 새 단어를 많이 만들 수 있어. 그렇게 할 경우 새 단어지만 뜻을 파악하기 쉽고, 단어의 생산성이 굉장히 높아진다는 장점이 있단다.

합성어의 종류

- **대등 합성어:** 어근이 대등하게 결합해 본래의 뜻을 유지하는 합성어

  예 한두, 오가다, 팔다리, 서넛, 대여섯, 여닫다, 뛰놀다

- **종속 합성어:** 한쪽의 어근이 다른 한쪽의 어근을 수식하는 합성어

  예 손수건, 책가방, 손수레, 물걸레, 가죽신, 쇠못, 소고기, 쇠사슬

- **융합 합성어:** 어근들이 하나로 융합해 새로운 의미를 나타내는 합성어

  예 밤낮 ⋯⋯ 밤 + 낮: 항상, 종일

  춘추(春秋) ⋯⋯ 봄 + 가을: 나이, 연세

  피땀 ⋯⋯ 피 + 땀: 노력

  쑥밭 ⋯⋯ 쑥 + 밭: 엉망이 되어버린 곳

  빈말 ⋯⋯ 빈(비다) + 말: 실속 없이 헛된 말

음운의 변동이란 무엇인가요?

음운의 변동이란 원래의 음운 그대로 발음되지 않고 바뀌어 소리 나는 것을 말한다. 여기에는 음절의 끝소리 규칙, 자음동화, 구개음화 등이 있다.

앞에서 음운이 뭐라고 했지? 'ㄱ, ㄴ, ㄷ, ㄹ…' 등의 자음과 'ㅏ, ㅑ, ㅓ, ㅕ…' 등의 모음을 음운이라고 했어. 이번에는 이러한 음운이 표기대로 발음되지 않고 변하는 현상을 살펴볼 거야.

먼저 음절의 끝소리 규칙을 살펴볼까? '밖' '옷' '앞' '히읗'을 발음해봐. [박] [온] [압] [히읃] 이렇게 발음되지. '밖'이라고 표기되지만 그 받침 'ㄲ'은 소리 날 때는 [ㄱ]으로 나. '앞'도 받침 표기는 'ㅍ'으로 나타나지만 끝소리로 발음이 되는 것은 [ㅂ]이야.

모든 자음은 받침으로 표기할 수 있어. 'ㄱ, ㄲ, ㅋ, ㄴ, ㄷ, ㅌ, ㅅ, ㅆ, ㅈ, ㅊ, ㅎ, ㄹ, ㅁ, ㅂ, ㅍ, ㅇ, ㄳ, ㄵ, ㄽ, ㄾ, ㅀ, ㅄ, ㄻ, ㄿ, ㄺ, ㄼ' 이렇

게 홑자음이든, 겹자음이든 다 표기할 수 있지. 그런데 소리가 날 때는 'ㄱ, ㄴ, ㄷ, ㄹ, ㅁ, ㅂ, ㅇ'의 7자음만 음절의 끝소리(받침이 되는 소리)로 발음되는데, 이 이외의 받침은 7자음 중의 하나로 바뀌어 발음되는 현상을 '음절의 끝소리 규칙'이라고 해.

우리는 모국어 화자이기 때문에 굳이 외우지 않아도 음절의 끝소리로 어떤 발음이 나는지 잘 알 수 있어. 그런데 겹자음의 대표음을 발음하는 것은 조금 어려워. '읽다'를 발음해봐. 〔익따〕가 맞는 발음이야. 겹자음을 제대로 발음하는 방법은 뒤에 '지식 더하기'에서 다시 살펴보자. 이렇게 음절의 끝소리 규칙도 표기와 발음이 다르니 음운 변동 현상이라고 볼 수 있지.

또 음운 변동 현상에는 **자음동화**가 있어. 자음동화는 말 그대로 옆에 있는 자음들이 서로 닮는 현상을 말해. '국물'을 발음해봐. 〔궁물〕이라고 발음되지. 왜 이렇게 발음될까? 쉽게 설명하자면 '국물'의 경우 '국'의 받침 'ㄱ'과 '물'의 초성 'ㅁ'이 서로 인접해 있는데, 두 자음의 발음 방법이 너무 달라서 연속해 발음하기가 힘들었던 거야. 그래서 'ㅁ'이 'ㄱ'에게 "너도 나랑 같은 비음으로 바꾸면 안 돼?"라고 하자, 'ㄱ'이 "그래, 그럼 나도 비음으로 바꿀게. 나랑 같은 발음 위치에 있는 'ㅇ'으로 바꾸면 되겠지!"라고 해서 'ㄱ'이 'ㅇ'으로 발음되는 거야. 즉 'ㄱ＋ㅁ→〔ㅇ＋ㅁ〕'가 된 것인데, 파열음인 'ㄱ'이 비음 'ㅇ'으로 바뀐 현상이므로 이를 비음화라고도 할 수 있어.

또 '신라'를 발음해봐. 〔실라〕라고 발음되지. 이것은 '신'의 받침 'ㄴ'

음운의 변동	현상
음절의 끝소리 규칙	'ㄱ, ㄴ, ㄷ, ㄹ, ㅁ, ㅂ, ㅇ'의 7자음만이 음절의 끝소리(받침이 되는 소리)로 발음되며, 이 외의 받침은 7자음 중 하나로 바뀌어 발음되는 현상 예 박[박], 밖[박], 부엌[부억], 낟[낟ː], 낱[낟ː], 낫[낟], 났[낟], 낮[낟], 낯[낟], 히읗[히읃]
자음동화	비음화: 비음이 아닌 자음이 비음을 만나 비음으로 발음되는 현상 ① [ㄱ, ㄷ, ㅂ]+[ㄴ, ㅁ]→[ㅇ, ㄴ, ㅁ]+[ㄴ, ㅁ] 예 국물[궁물], 닫는[단는], 돕는[돔ː는] ② [ㅁ, ㅇ]+[ㄹ]→[ㅁ, ㅇ]+[ㄴ] 예 담력[담ː녁], 종로[종노]
	유음화: 'ㄴ'이 'ㄹ'의 앞이나 뒤에서 'ㄹ'로 변하는 현상 ① [ㄴ]+[ㄹ]→[ㄹ]+[ㄹ] 예 광한루[광ː할루], 난로[날ː로], 천리[철리] ② [ㄹ]+[ㄴ]→[ㄹ]+[ㄹ] 예 칼날[칼랄], 물난리[물랄리]
구개음화	구개음이 아닌 자음 'ㄷ, ㅌ'이 모음 'ㅣ'나 반모음으로 시작되는 형식 형태소를 만나 구개음 [ㅈ, ㅊ]으로 바뀌는 음운 현상 예 미닫이[미ː다지], 여닫이[여ː다지], 쇠붙이[쇠부치], 밭이[바치], 굳히다[구치다]

이 뒤에 오는 'ㄹ'의 영향을 받아 'ㄹ'처럼 유음으로 바뀌었기 때문이야. 이런 현상을 유음화라고 해. 이렇게 인접해 있는 다른 성질의 자음들이 비음과 유음으로 같아지는 현상을 '자음동화'라고 해.

이번에 살펴볼 음운 변동 현상은 구개음화야. 앞에서 자음의 발음 위치에 따라 센입천장소리를 구개음이라고 했던 거 기억나? 'ㅈ, ㅉ, ㅊ'을 구개음이라고 했잖아. 구개음화는 구개음이 아닌 'ㄷ, ㅌ'이 구개음으로 바뀌는 현상을 말해. 'ㄷ, ㅌ'은 어디에서 나는 소리였지? 맞아, 혀끝소리였어. 예를 들어볼까? '해돋이'를 발음해봐. '돋'의 받침 'ㄷ'이 모음 'ㅣ'와 만났어. 그랬더니 발음이 어떻게 돼? 〔해도지〕라고 발음되지. 구개음화 현상 때문에 이렇게 발음되는 거야. 간단히 말하면 'ㄷ, ㅌ+ㅣ=〔ㅈ, ㅊ〕+ㅣ'가 되는 현상인 거지.

왜 이런 현상이 나타날까? 'ㄷ, ㅌ'은 혀끝소리야. 그런데 그 뒤에 오는 'ㅣ' 모음은 센입천장 근처에서 소리가 나. 그러다 보니 'ㄷ, ㅌ'을 'ㅣ' 모음과 비슷한 위치에 있는 〔ㅈ〕〔ㅊ〕의 구개음으로 바꾸어 소리를 내는 거야. 발음을 더 쉽게 하기 위해서지. 〔구디〕보다는 〔구지〕가 발음하기가 더 쉽지? '해돋이〔해도지〕' 외에도 '미닫이〔미:다지〕' '여닫이〔여:다지〕' '쇠붙이〔쇠부치〕' '밭이〔바치〕' '굳히다〔구치다〕' 등이 구개음화 현상이야. 다시 한 번 강조하지만 'ㄷ, ㅌ'이 'ㅣ' 모음을 만났을 때 〔ㅈ〕〔ㅊ〕의 구개음으로 발음되는 현상이 구개음화 현상이라는 점을 꼭 기억해두자.

그 밖에 음운 변동 현상에는 모음동화, 자음 탈락, 모음 탈락, 된소리되기, 사잇소리 현상 등이 있어. 이들 현상 모두 발음을 편하게 하거나 표현의 효과를 극대화하기 위해서 나타난단다. 음운이 놓인 위치에 따라 변하든, 다른 음운의 영향을 받아 변하든, 음운이 바뀌어서 발음되는 것은 모두 음운의 변동에 속해.

음절의 끝소리 현상에서 겹자음 발음하기

- 기본적으로 첫째 자음이 발음된다.

  예 삯[삭], 값[갑]

- 둘째 자음이 발음되는 경우는 'ㄹ' 계열의 'ㄻ' 'ㄺ' 'ㄿ', 이렇게 3가지다. 외우기 쉽게 '대세를 거스르고 막나간다.', 즉 '막가파'라고 정리해보자.

  예 읽다[익따], 젊다[점따], 읊다[읍따]

- 예외를 익힌다.

  ① '밟-' 다음에 자음으로 이어지는 말이 오면 둘째 자음이 선택된다.

  예 밟다[밥따]

  ② '넓둥글다' '넓적하다' '넓죽하다'는 둘째 자음이 선택된다.

  예 넓둥글다[넙뚱글다], 넓적하다[넙쩌카다], 넓죽하다[넙쭈카다]

  ③ 'ㄺ' 다음에 'ㄱ'으로 시작되는 어미가 오면 첫째 자음이 선택된다.

  예 읽고[일꼬]

어휘란 무엇이고 어떤 것이 있나요?

어휘는 기준을 세워 묶은 단어들의 체계 혹은 집합으로,
어종 및 사용 양상에 따라 고유어·한자어·외래어·은어·전문어·비속어 등으로 나뉜다.

　우리 친구들, '단어' 혹은 '어휘'라는 말 많이 쓰지? 그리고 국어 실력은 곧 어휘 실력이라는 말도 많이 들어봤을 거야. 어휘는 기준을 세워 묶은 단어들의 체계 혹은 집합이라고 할 수 있어. 그러니까 '중학생이 꼭 알아야 하는 어휘' 하면 중학생 수준에서 알아야 하는 단어들의 집합이라고 생각하면 된단다.

　우리가 항상 사용하는 단어는 다양한 기준에 따라 어휘로 묶을 수 있어. 우선 어종에 따라 어휘를 나눌 수 있는데, 국어를 구성하는 말에는 예로부터 사용해온 우리말인 고유어가 있어. 고유어는 우리 민족 특유의 문화나 정서를 표현하며, 이를 통해 정서적 감수성을 풍요롭게 해. 옛날부

터 우리가 사용한 말이기 때문이지.

그리고 중국의 한자를 기반으로 만들어진 한자어가 있어. 한자어는 우리말에 유입된 지 워낙 오래되었을 뿐 아니라 발음 또한 우리말에 맞게 변화해서 고유어인지 한자어인지를 구별하기 어려운 단어들도 많아. 예를 들어 '귤(橘)' '사과(沙果/砂果)' '기린(麒麟)' '사자(獅子)' '호랑이(虎狼一)' '하마(河馬)'와 같은 말들이 모두 한자어야. 놀랍지?

또 외국에서 들어온 말 중에 사회적으로 사용이 허용된 어휘를 외래어라고 해. '버스' '인터넷' '컴퓨터'와 같이 외래어라는 느낌이 강하게 드는 어휘가 있는가 하면, '호미' '수수' '메주'처럼 유입된 지 아주 오래되어 외래어라는 인식이 희박해진 외래어도 있어.

이번에는 사용 양상에 따라 어휘를 분류해볼까? 특정 집단에서 비밀을 유지하기 위해 다른 사람들이 알아듣지 못하도록 구성원들끼리 사용하는 말을 은어라고 해. 산삼을 캐는 사람들이 사용하는 '심(산삼)' '소댕이(경험이 부족한 젊은 심마니)' 등과 같은 말이 예가 될 수 있지. 심마니들이 이런 은어를 사용한 이유는 예로부터 산삼은 귀한 약초였고 산삼을 캘 수 있는 산 역시 매우 신성한 장소였으므로, 일반인들이 알고 있는 평범한 말을 사용해서는 안 된다고 생각했기 때문이야. 또 값비싼 산삼을 다른 사람에게 빼앗기는 것을 방지하기 위한 의도도 담겨 있어.

은어의 효과는 특정 집단의 비밀을 유지할 수 있고, 같은 은어를 쓰는 사람들에게 친밀감과 소속감을 줄 수 있다는 거야. 하지만 은어를 모르는 사람들에게 소외감과 고립감을 주고, 은어를 모르는 사람과의 의사소통이 잘 이루어지지 않을 수 있다는 문제점도 있어.

그다음으로 전문어가 있어. 학술 분야나 기타 전문 분야에서 전문 개념을 표현하기 위해 사용하는 말을 전문어라고 한단다. 의학 드라마나 법조인이 나오는 드라마를 보면 우리가 잘 모르는 용어를 쓰고, 그 용어의 뜻이 자막으로 처리되는 경우를 본 적이 있을 거야. 이처럼 주로 법률 용어나 의학 용어, 건축 용어 등이 전문어에 해당돼. 전문어는 지칭하는 대상을 정확하게 나타내야 오해의 소지 없이 작업을 잘할 수 있기 때문에 의미가 정밀하며 다의성이 적어. 즉 전문적인 의미를 정확하게 표현해 의미의 혼란을 방지할 수는 있지만, 일반인들은 이해하기 어렵고 외래어나 외국어로 된 어휘가 많다는 문제점이 있어.

개그 프로그램이나 대중매체를 통해 주로 퍼지는데, 비교적 짧은 시기에 걸쳐 여러 사람의 입에 오르내리는 말로는 유행어가 있어. 유행어는 재미와 흥미를 돋우는 말이지만, 당대의 사회 분위기나 상황을 담고 있어 현실을 풍자하는 기능을 하기도 해. 어느 정도 시간이 지나면 대부분 사라지지만 일부는 단어로 자리 잡아 오랫동안 쓰이기도 하지.

유행어의 사용 효과는 신선한 느낌과 재미를 주고, 당대의 사회 모습을 반영해 현실을 풍자적으로 비판할 수 있다는 점이야. 그러나 지나치게 많이 사용하면 개성이 없어 보이고 경솔한 사람으로 보일 수도 있어. 또한 유행어를 모르는 사람과는 의사소통이 잘 이루어지지 않을 수도 있단다.

어휘의 종류에는 천하고 상스러운 느낌을 주는 비속어도 있어. 흔히

'욕'이라고 하지. 또한 질병·배설·성 등 직접적으로 말하기가 꺼려지는 말을 금기어라고 하고, 이를 대체하는 말을 완곡어라고 해. 예를 들면 '변소(금기어)'를 '화장실(완곡어)'로 부르는 것이 그 예가 될 수 있어.

단어의 관계

- 유의 관계: 서로 소리는 다르지만 의미가 비슷한 단어

  예 낯 – 얼굴, 남자 – 남성, 아이 – 어린이, 죽다 – 숨지다, 채소 – 야채

- 반의 관계: 서로 반대의 의미를 가진 단어. 서로 공통점이 있으면서 하나의 차이점만 있음

  예 앞 – 뒤, 왼쪽 – 오른쪽, 사다 – 팔다, 길다 – 짧다

- 상하 관계: 한 단어가 다른 단어의 의미를 포함하는 경우. 포함하는 단어를 '상의어'라고 하고, 포함되는 단어를 '하의어'라고 함

  예 과일(상의어) – 복숭아, 포도, 딸기(하의어)

문장 성분이란 무엇이고 어떤 것이 있나요?

문장 성분은 한 문장을 구성하는 요소들로,
크게 주성분, 부속 성분, 독립 성분으로 나뉜다.

국어 문법을 공부할 때 문장 성분은 정말 중요해. '품사'와 '문장 성분' 이 모든 문법의 기초가 된다고 할 수 있지. 문장 성분은 한 문장을 구성하는 요소들이야. 그럼 문장은 무엇일까? 문장은 우리의 생각이나 감정을 말과 글을 통해 완결된 형태로 표현하는 가장 작은 단위를 말해.

예를 들어 은영이가 "사과"라고 말한다면 이는 완결된 표현이 아니기 때문에 그 의도와 생각이 완전하게 전달되지 않아. 사과를 달라는 것인지, 사과가 싫다는 것인지, 사과가 있다는 것인지가 불분명해. 반면 "저는 사과를 좋아해요."라고 표현한다면 무엇을 말하는지 그 생각이 완전하게 표현되지. 이게 문장이야.

주어

- 장미꽃이 피기 시작했다.

- 개나리가 강둑에 가득 피었다.

- 할머니께서 어머니를 부르신다.

- 서울시에서 금연 정책 관련 조사를 실시했다.

- 철수가 집에 있다.

- 철수만 집에 있다.

- 혼자서 집을 지키고 있다.

밑줄 친 문장들의 공통점은 뭐지? 다 문장의 주체가 된다는 거야. 즉 '무엇'과 '누가'에 해당하는 말을 주어라고 볼 수 있단다. 주어를 쉽게 찾는 방법은 없을까? 주어는 문장의 맨 앞에 위치하는 경우가 많아. 그리고 앞서 품사를 공부할 때 격조사를 살펴봤지? 주어는 주격조사 '이' '가'와 함께 쓰이는 경우가 많아. 보조사가 붙었더라도 주격조사 '이' '가'와 자연스럽게 어울린다면 주어일 확률이 높겠지.

서술어

- 순이가 사과를 먹는다.

- 하늘이 푸르다.

- 이것은 책이다.

- 흥부는 착하다.

- 우리는 밥을 <u>먹는다</u>.
- 하은이는 반장이 <u>되었다</u>.

이번에도 밑줄 친 부분의 공통점을 생각해볼래? 밑줄 친 부분은 '어찌하다' '어떠하다' '무엇이다'에 해당하는 부분이야. 품사로 보면 동사나 형용사이거나 '체언＋이다'의 형태를 갖추고 있지. 주로 문장의 가장 마지막 부분에 위치해. 이것을 서술어라고 한단다.

보어

- 하은이는 <u>선생님</u>이 되었다.
- 철수가 어느새 <u>어른</u>이 되었다.
- 이것은 내가 좋아하는 <u>책</u>이 아니다.
- 밥이 <u>떡</u>이 되다.
- 그는 나쁜 <u>사람</u>은 아니었다.

밑줄 친 부분이 어떤 서술어와 어울려 쓰이는지 한번 찾아보자. 맞아! 밑줄 친 부분은 반드시 '되다' '아니다'라는 서술어와 함께 쓰여. '되다' '아니다'라는 서술어를 보충해주는 역할을 하는 이러한 문장 성분을 보어라고 해. 보어는 특정 서술어와 어울린다는 것을 꼭 기억해. 서술어 자리에 '되다' '아니다'가 오면 보어가 나올 가능성이 아주 높으니 긴장해서 문장을 살펴봐야 해!

목적어

- 영희가 <u>책</u>을 읽는다.
- 동생이 <u>종이접기</u>를 하고 있다.
- <u>아침</u>을 먹고 나왔다.
- 나는 <u>국어</u>를 좋아한다.
- 나 <u>밥</u> 먹었어.

밑줄 친 부분을 목적어라고 하는데, 목적어는 동작의 대상이 되는 성분을 말해. 즉 '무엇을'에 해당하는 말이지. 예로 제시된 첫 번째 문장을 보면, 서술어가 '읽는다'라고 나타나 있는데 '무엇을?'에 대한 답이 될 수 있는 게 '목적어'라고 생각하면 돼. 목적어는 어떻게 쉽게 찾을 수 있을까? 목적어는 목적격조사 '을' '를'과 주로 어울려서 쓰여. 목적격조사 대신 보조사가 쓰이거나 목적격조사가 생략되는 경우도 있는데, 이럴 경우에도 목적격조사 '을' '를'을 넣어보고 문장이 자연스러운지 살펴보는 것이 좋아.

관형어

- <u>도시의</u> 풍경이 황량하다.
- 오늘 점심은 <u>맛있는</u> 덮밥이다.
- 그는 <u>착한</u> 학생이 아니다.
- <u>새</u> 옷을 입었다.

- 오늘 길에서 고향 친구를 우연히 만났다.

- 나의 작은 천사가 자고 있다.

밑줄 친 부분이 무엇을 꾸며주는지 봐봐. 체언을 꾸며주지. 이처럼 체언을 꾸며주는 문장 성분을 관형어라고 해. 그런데 체언이 뭐였지? 명사·대명사·수사로 문장 안에서 주로 주어·목적어·보어로 쓰인다고 했었지. 만약 어떤 문장 성분이 '꾸며주는 말'인데 뒤에 '꾸밈을 받는 말'이 체언이라면 그 문장 성분은 '관형어'라고 볼 수 있단다. 즉 품사에서 배웠던 관형사는 당연히 관형어고, 그 외에도 관형의 형태로 활용한 동사나 형용사도 관형어가 될 수 있어.

부사어

- 하늘 높이 새가 날고 있다.

- 참 예쁘게 생겼다.

- 강에서 수영을 한다.

- 청동으로 칼을 만들었다.

- 동생이 형보다 낫다.

- 그에게서 나온 이야기다.

밑줄 친 부분들은 문장 안에서 무엇과 가장 밀접하게 관련을 맺는 것 같아? 맞아, 서술어와 관련을 맺고 있지. 서술어의 의미를 구체화하거나

: 문장 성분 :

주성분	문장의 골격을 이루는 필수 성분	주어	동작이나 상태의 주체가 되는 말
		서술어	주어의 움직임·상태·성질 등을 서술하는 말
		목적어	문장에서 동작의 대상이 되는 말
		보어	주어와 서술어만으로는 뜻이 완전하지 못한 문장에서, 불완전한 곳을 보충해 뜻을 완전하게 하는 말
부속 성분	주성분의 내용을 꾸며 뜻을 더해주는 성분	관형어	체언 앞에서 체언의 뜻을 꾸며주는 말
		부사어	용언의 내용을 한정하는 말
독립 성분	문장 내에서 다른 성분들과 직접적인 관계를 맺지 않는 성분	독립어	문장의 다른 성분과 밀접한 관계없이 독립적으로 쓰는 말

분명하게 해주는 역할을 해. 관형어와 마찬가지로 밑줄 친 부분들도 '꾸며주는 말'인데, 이번에는 체언이 아니라 서술어를 꾸며준단다. 이렇게 서술어를 꾸며주는 말을 부사어라고 해. 부사어 역시 조사를 통해 쉽게 찾을 수 있는데, 주로 부사격조사 '에게' '에' '에서' '로' '로써' '와' '과' '에서' 등과 같이 쓰여. 부사어는 품사에서 봤던 부사는 당연히 부사어고, 부사형으로 활용한 동사나 형용사도 부사어가 될 수 있단다.

독립어

• 철수야, 빨리 밥 먹으러 오너라.

- 어머나, 벌써 꽃이 피었네!
- 네, 제가 그 일을 하겠습니다.
- 아아, 겨울인가!
- 민중이여, 궐기하라.
- 청춘, 이것은 듣기만 해도 가슴 설레는 말이다.

밑줄 친 말들의 공통된 특징을 찾아봐. 다른 문장 성분들과 달리 독립적으로 쓰이는 것 같지 않니? 이런 문장 성분을 말 그대로 독립어라고 해. 주어는 서술어의 주체이고, 목적어는 서술어의 대상이고, 관형어는 체언을 꾸며주는 등 모두 다른 문장 성분과 관련을 가지잖아. 그러나 독립어는 그렇지 않아. 다른 문장 성분과 관련 없이 혼자 쓰인다는 거지. 품사에서 배웠던 감탄사가 독립어에 속해 그 외에도 누군가를 부르는 말, 느낌이나 감정, 문장 앞에 던지는 말 등이 모두 독립어가 될 수 있단다. 감탄사만 독립어가 되는 것은 아니라는 거지.

우리말에는 조사와 어미, 접사가 굉장히 발달해 있어. 즉 다른 언어는 단어의 위치나 다른 뜻을 가진 단어가 사용되어 문법적인 내용을 나타내는 데 반해, 우리말은 조사·어미·접사를 통해서 매우 다양하게 문법적인 내용을 나타내.

좀더 이해하기 쉽게 예를 들어볼게. 예를 들어 '나는 밥을 먹는다.'라는 문장의 시간 표현이 현재야, 과거야? 맞아, 현재야. 그럼 과거로 나타내면 어떻게 될까? '나는 밥을 먹었다.'로 바꿀 수 있겠지. 즉 현재를 나타내는 '-는-'이라는 어미 대신 과거를 나타내는 '-었-'이라는 어미를 사용해 서로 다른 시간 표현을 나타낸 거야.

하지만 영어는 어떨까? 현재 표현인 'I eat the meal.'을 과거로 표현하면 'I ate the meal.'로 쓸 수 있지. 즉 영어는 문법 요소로 뜻이 달라지는 게 아니라 '먹다'를 나타내는 단어 'eat'이 '먹었다'를 나타내는 단어 'ate'로 단어를 아예 바꿔 써서 문법적인 내용을 나타내.

어때, 조금 이해가 되었니? 그럼 우리말에 나타나는 다양한 문법 요소를 살펴보자.

ㄱ 나는 밥을 먹었다.
ㄴ 나는 밥을 먹는다.
ㄷ 나는 밥을 먹겠다.

위 예문들의 시간 표현을 살펴보면 ㄱ은 과거, ㄴ은 현재, ㄷ은 미래를 나타내. 여기서 시간 표현을 나타내는 부분을 찾아볼래? 맞아, '-었-' '-는-' '-겠-'이지. 즉 '-었-'은 과거를, '-는-'은 현재를, '-겠-'은 미래를 나타내. 이들이 바로 시간을 나타내는 문법 요소란다. 이 외에도 시간을 나타내는 문법 요소들이 있어.

ㄱ 밥을 먹은 철수
ㄴ 밥을 먹는 철수
ㄷ 밥을 먹던 철수
ㄹ 밥을 먹을 철수

과거 시제	화자가 말하고 있는 시점보다 이전에 일어난 사건을 표현하는 시제 예 나는 어제 새를 잡았다. / 내가 잡은 새
현재 시제	화자가 말하고 있는 시점에서 일어나는 사건을 표현하는 시제 예 나는 지금 새를 잡는다. / 내가 잡는 새
미래 시제	화자가 말하고 있는 시점보다 이후에 일어날 사건을 표현하는 시제 예 나는 내일 새를 잡겠다(잡을 것이다). / 내가 잡을 새

각각의 시간 표현을 생각해봐. 차례로 ㉠은 과거, ㉡은 현재, ㉢은 과거 회상, 그리고 ㉣은 미래를 나타내지. 그럼 여기서 시간을 표현해주는 요소는 무엇이지? '-은' '-는' '-던' '-을'이지. 생각보다 어렵지 않지? 시간 표현에 대해서는 간단하게 표로 정리했으니 꼼꼼히 읽어보렴.

그다음으로 시키는 표현과 당하는 표현을 알아볼 거야. 시키는 표현은 '시킬 사(使)'를 써서 사동 표현이라고 하고, 당하는 표현은 '당할 피(被)'를 써서 피동 표현이라고 해. 그럼 다음 문장을 보자.

㉠ 아기가 옷을 입다.
㉡ 어머니가 아기에게 옷을 입히다.

㉠은 주체가 스스로 옷을 입는 행위를 해서 '주동문'이야. ㉡은 '어머니'라는 새로운 주어가 등장해서 '아기'가 옷을 입게 하는, 즉 시키는 문

사동 표현과 피동표현

주동 표현	• 문장의 주체가 어떤 동작이나 행동을 자기 스스로 하는 것 예 아기가 옷을 입는다. / 복종한다.
사동 표현	• 문장의 주체가 어떤 동작이나 행동을 남에게 시키는 것 • 접사 '–이–' '–히–' '–리–' '–기–' '–우–' '–구–' '–추–' 또는 '–시키다' '–게 하다' 사용 예 엄마가 아기에게 옷을 입힌다(입게 한다). / 복종시킨다.

능동 표현	• 문장의 주체가 어떤 동작이나 행동을 스스로의 힘으로 하는 것 예 경찰이 도둑을 잡았다. / 줄을 끊었다.
피동 표현	• 문장의 주체가 어떤 동작이나 행동을 다른 힘에 의해 당하는 것 • 접사 '–이–' '–히–' '–리–' '–기–' 또는 '–어지다' '–게 되다' 사용 예 도둑이 경찰에게 잡혔다. / 줄이 끊어졌다.

장으로 '사동문'이야. 이때 동사가 어떻게 달라졌지? '입다'에 '–히–'가 붙어 '입히다'가 되었지. 바로 이 '–히–'가 문장을 사동 표현으로 만드는 문법 요소란다. 이렇게 사동 표현을 만드는 문법 요소에는 접사 '–이–' '–히–' '–리–' '–기–' '–우–' '–구–' '–추–' 또는 '–시키다' '–게 하다'가 있어.

      ㉠ 경찰이 도둑을 잡다.
      ㉡ 도둑이 경찰에게 잡히다.

: 높임 표현 :

주체 높임	• 화자가 서술의 주체(문장의 주어)를 높이는 방법 예 철수가 온다. → 할아버지께서 오신다.
객체 높임	• 화자가 서술의 객체(문장의 목적어나 부사어)를 높이는 방법 예 나는 동생에게 선물을 주었다. → 나는 할머니께 선물을 드렸다.
상대 높임	• 화자가 청자에 대해 높이거나 낮추어 말하는 방법 • 화자와 청자의 친밀도에 따라서 격식체(해라체, 하게체, 하오체, 하십시오체) 와 비격식체(해체, 해요체)가 있음 예 앉아라. / 앉아. → 앉으십시오. / 앉아요.

ㄱ은 주어가 스스로 어떤 행위를 하는 문장으로 '능동문'이지만, ㄴ은 주어가 행위를 당하는 문장으로 '피동문'이란다. 그럼 능동문에서 피동문으로 바뀌면서 문장이 어떻게 달라졌지? 해당 단어의 문장 성분이 달라지고, ㄴ의 동사에서는 '-히-'가 추가되어 '잡히다'가 되었지. 그게 바로 피동 표현을 만드는 요소란다. 피동 표현을 만드는 문법 요소에는 접사 '-이-' '-히-' '-리-' '-기-' 또는 '-어지다' '-게 되다'가 있어.

다음으로 문법 요소 중에 높임 표현을 살펴볼 거야.

ㄱ 어머니, 선생님께서 할아버지를 모시고 오라고 하셨습니다.

위의 문장에서 높임의 요소를 다 찾아보자. '-께서'와 '하셨습니다', 그리고 '모시는'이 높임의 요소들임을 알 수 있어. 이 중 '하셨습니다'의

선어말 어미 '-시-'와 '-께서'는 누구를 높이기 위한 요소지? 맞아, 문장의 주어인 '선생님'를 높이기 위해 사용된 표현이야. 이렇게 문장에서 주어를 높이는 높임법을 주체 높임법이라고 해.

또 '할아버지를 데리고'라고도 할 수 있는데 '할아버지를 모시고'라고 했어. '모시고'라는 높임의 어휘를 사용한 거지. 이것은 누구를 높이기 위함일까? 그래, '할아버지'를 높이기 위함이야. 이렇게 문장 안에서 목적어나 부사어가 되는 대상을 높이는 것을 객체 높임법이라고 해.

이번에는 문장이 어떻게 종결되었는지 살펴볼까? '하셨어'라고 할 수도 있는데 '하셨습니다'라고 했지. 즉 '-습니다'를 써서 상대방을 높여주는 종결 어미를 사용했어. 이렇게 종결 표현을 통해 듣는 이를 높여주는 표현을 상대 높임법이라고 해. 그러니까 여기서는 '어머니'를 높여준 거지.

마지막으로 부정 표현을 살펴볼 거야. 다음 예문들을 보면서 함께 공부해보자.

    ㉠ 나는 공부를 했다.

    ㉡ 나는 공부를 하지 않았다.

    ㉢ 나는 공부를 안 했다.

    ㉣ 나는 공부를 못 했다.

    ㉤ 공부를 하지 마라.

: 부정 표현 :

종류	형태	
	의지 부정	능력 부정
짧은 부정문	'안'에 의한 부정	'못'에 의한 부정
긴 부정문	'-지 아니하다(않다)'에 의한 부정	'-지 못하다'에 의한 부정
'말다' 부정문	명령문이나 청유문의 부정 예 함께 가지 마라. / 함께 가지 말자.	

⊙과 나머지 예문들이 어떻게 다르지? ⊙은 부정의 의미가 없는데 ⓒ 부터 ⑩까지는 부정의 의미가 생겼지. 어떤 요소 때문에 부정의 의미가 생겼어? ⓒ은 '-지 않았다', ⓒ은 '안', ⓐ은 '못', ⑩은 '-지 마라' 때문에 부정의 의미가 생겼어. 이들을 부정을 드러내는 문법 요소라고 하고, 이 문장들을 부정문이라고 해.

부정문에는 크게 '안' 부정문과 '못' 부정문이 있어. 이들은 어떻게 다를까? ⓒ이 '안' 부정문이고 ⓐ이 '못' 부정문이야. ⓒ은 공부를 자신의 의지에 의해 하지 않았다는 것이지만, ⓐ은 능력 부족 혹은 외부 환경의 제약으로 하지 못했다는 것을 드러내기 때문에 의미가 다르단다.

어문 규범이란 무엇이고 어떤 것이 있나요?

언어생활에서 따르고 지켜야 할 공식적인 기준을 어문 규범이라고 한다.
어문 규범에는 표준어 규정, 한글 맞춤법, 외래어 표기법, 국어의 로마자 표기법이 있다.

선생님이 초등학교 1학년 때였어. 받아쓰기 시험을 보는데 당시 담임 선생님이 분명 '삼춘'이라고 불러서 나는 '삼춘'이라고 썼는데 틀렸다는 거야. '삼촌'과 '삼춘' 중에 맞는 말이 '삼촌'이라는 게 어린 마음에 참 이상했어. 그런 걸 누가 정하는 건지 궁금했거든.

이렇게 사람들마다 표기와 발음이 다르기 때문에 원활한 언어생활을 위해서는 공식적으로 맞는 말이 필요해. 그래서 정한 게 바로 어문 규범이야. 범죄자를 심판할 때 기준이 되는 법이 필요하듯이 언어생활에도 기준이 필요한 거지. 언어생활에서 따르고 지켜야 할 공식적인 기준인 어문 규범에는 크게 4가지가 포함돼.

첫째, 표준어 규정과 표준 발음법이야. 방언의 차이로 인한 의사소통의 불편을 해소하고, 모든 사람들이 원활하게 의사소통할 수 있도록 공용어로서 표준어를 정한 것이지. 표준어 사정의 원칙은 '교양 있는 사람들이 두루 쓰는 현대 서울말'을 기준으로 했어.

예를 들어 '위(上)'를 뜻하는 말은 '윗니' '윗옷'처럼 '윗-'으로 통일해. 그러나 '위층' '위쪽'처럼 '위-' 뒤에 거센소리나 된소리가 오면 '위-'로 표기해. 혹은 '웃어른'처럼 위아래의 대립이 없는 말은 '웃-'으로 표기한다고 정한 거지.

표준 발음법이란 어떻게 발음하는 것이 옳은지를 나타내는 거야. '닭이 맛있다.'라는 문장은 어떻게 발음할까? 사람마다 발음이 다 다르기에 공식적인 발음을 정한 건데, 맞는 발음은 [달기 마딛따(마싣따)]야. '닭이'를 [다기]라고 틀리게 발음하는 친구들도 있을 거야. 겹받침 'ㄺ'의 뒤에 붙은 '이'가 실질적인 뜻을 가지지 않는 경우에는 두 번째 자음이 연음되어 '닭이'가 [달기]가 된단다.

둘째, 한글 맞춤법이야. 말을 글자로 적을 때 일정한 규칙에 맞게 적는 것을 말해. 한글 맞춤법에서 밝히고 있는 대원칙은 다음과 같아.

> • 제1항: 한글 맞춤법은 표준어를 소리대로 적되 어법에 맞도록 함을 원칙으로 한다.
> • 제2항: 문장의 각 단어는 띄어 씀을 원칙으로 한다.

따라서 '하늘' '바다' '시나브로' 등은 소리 나는 대로 표기를 해. 그러나 '꽃이 피었다.'는 [꼬치 피얻따]로 발음되지만, 형태를 밝혀 '꽃이 피었다.'라고 적어. 그 이유는 '꽃'의 원래 형태를 밝혀 적지 않으면 뜻을 파악하기 어렵기 때문이야.

그럼 여기서 문제! '여러 가지'와 '여러가지' 중 띄어쓰기가 맞게 된 것은 무엇일까? '가지'는 의존 명사로, 한글 맞춤법 규정을 보면 모든 단어는 띄어 씀을 원칙으로 하기 때문에 '여러 가지'가 맞게 쓴 거야. 이렇게 띄어쓰기 규정도 한글 맞춤법에 들어가는 거란다.

셋째, 외래어 표기법이 있어. 외래어는 외국에서 들어와 국어처럼 쓰이는 말인데, 외래어 표기법은 이를 한글 자모로 표기하는 방법을 말해. 우리가 잘 쓰는 외래어 중에 'fighting'이 있지. 이를 우리말로 '파이팅' '화이팅' 둘 다로 표기할 수 있을까? 아니, 하나의 외래어 음운은 하나의 기호로만 표기해야 한다는 표기 원칙이 있기 때문에 둘 중에 '파이팅'만 올바른 표기법이야. 또 'camera'는 어떻게 표기할까? 현지음을 최대한 살려서 '캐머러'라고 표기할까? 옛날부터 관용적으로 이어져온 표현은 존중해서 표기하므로 '카메라'가 맞아. 또 'paris'는 된소리를 표기하지 않는다는 원칙에 따라 '빠리'가 아니라 '파리'가 된단다.

넷째, 국어의 로마자 표기법이 있어. 우리말을 외국인들이 발음해 읽을 수 있도록 로마자로 어떻게 적을 것인지를 규정한 표기법이야. 로마자 표기법은 국어의 표준 발음법에 따라 적는 것을 원칙으로 한단다. 실제 발음을 바탕으로 로마자로 나타내는 거지. 그래서 '종로'를 'jongro'로

⠂ 4가지 어문 규범 ⠂

표준어 규정	의미	한 나라에서 모든 국민이 공통으로 사용하도록 정한 공용어
	총칙	교양 있는 사람들이 두루 쓰는(계층적 조건) 현대(시대적 조건) 서울말 (지역적 조건)로 정함을 원칙으로 한다.
	예시	• 수컷을 나타내는 말: 수꿩, 수캉아지, 수탉, 숫양, 숫염소 • '위'를 나타내는 말: 윗니, 위층, 위채, 위쪽, 웃어른 • 복수 표준어: 깨뜨리다/깨트리다, 어저께/어제, 가엾다/가엽다
한글 맞춤법	총칙	• 표준어를 소리대로 적되 어법에 맞도록 함을 원칙으로 한다. • 조사를 제외한 문장의 각 단어는 띄어 씀을 원칙으로 한다.
	예시	• 띄어쓰기: 콩v심은v데v콩v나고, 이v책, 이제부터라도 • 두음 법칙 관련: 여자, 남녀, 낙원, 쾌락, 예의, 백분율 • 어간과 어미 구별: 넘어지다, 돌아가다, 드러나다, 쓰러지다
외래어 표기법	대원칙	• 현지어의 발음을 최대한 존중하면서도 국어의 발음 특성에 맞게 쓰는 것을 원칙으로 한다. 예 배터리(ㅇ) 밧데리(×), 뷔페(ㅇ) 부페(×), 바비큐(ㅇ) 바베큐(×)
	표기 원칙	• 국어에는 현재 쓰이는 24개 자음과 모음만으로 표기한다. 예 Thril … 스릴 • 하나의 외래어 음운은 하나의 기호로만 표기한다. 예 Fry … 프라이 • 외래어를 표기할 때 받침에는 'ㄱ, ㄴ, ㄹ, ㅁ, ㅂ, ㅅ, ㅇ'만 사용 한다. 예 커피숍(ㅇ) 커피숖(×) • 외래어는 된소리로 표기하지 않는 것이 원칙이다. 예 가스(ㅇ) 까스(×) • 이미 굳어진 외래어는 관용을 존중해 표기한다. 예 고무, 라디오, 바나나
국어의 로마자 표기법	의미	우리의 인명이나 지명 등 고유 명사를 외국인들이 읽을 수 있도록 국어를 로마자(국제적으로 널리 쓰이는 알파벳 26자)로 적는 방법
	기본 원칙	• 국어의 표준 발음법에 따라 적는다. • 로마자 이외의 부호는 되도록 사용하지 않는다. 예 한복…Hanbok, 불고기…Bulgogi, 독립문…Dongnimmun

적지 않아. 발음이 〔종노〕로 나기 때문에 'jongno'로 적어.

　한글은 우리의 문자로 특별히 노력을 기울이지 않아도 자연스럽게 익혀 쓰는 문자지만, 생각보다 어문 규범을 지키지 않는 경우가 많아. 영어는 문법에 따라 알맞게 쓰고자 공부하면서도 정작 우리글인 한글을 올바르게 쓰지 못하면 안 되겠지? 이번에 소개한 어문 규범의 기본 개념은 확실히 이해하도록 하자. 한눈에 이해할 수 있도록 앞쪽에 표로도 정리해 두었으니 다시 한 번 살펴보면 도움이 될 거야.

한글은 어떤 원리로
만들어졌고 구성되어 있나요?

한글 자음과 모음의 기본자는 상형의 원리에 따라 만들어졌다.
여기에 가획과 이체의 원리, 합용의 원리를 더해 나머지 자모가 만들어졌다.

선생님이 지금 쓰고 있는 문자가 한글이고, 우리 친구들이 보고 있는 문자 역시 한글이야. 지금 우리는 무언가를 표현하거나 읽을 때 한글이라는 문자를 항상 쓰지만 처음부터 한글이 있었던 것은 아니야.

한글이 창제되기 전에 우리는 우리만의 표기 수단이 없었어. 그래서 한자의 음과 뜻을 빌려 아쉬운 대로 사용하고는 했단다. 예를 들어 당시 신라말로 '선화 공주님은 남그지 얼어두고'를 표기하고 싶은데 마땅한 문자 수단이 없으니 한자의 음과 뜻을 빌려 '他密只嫁良置古(남 타, 그윽하다 밀, 다만 지, 얼다 가, 좋다 량, 두다 치, 옛 고)'처럼 한자로 표기를 했어. 그런데 한자는 배우기도 어렵고 원래 우리말의 표기 수단도 아니었기 때문

구분	상형	기본자	가획자	이체자
어금닛소리 [牙音]	혀뿌리가 목구멍을 닫는 형상을 본뜸	ㄱ	ㅋ	ㆁ
혓소리 [舌音]	혀끝이 윗잇몸에 닿는 형상을 본뜸	ㄴ	ㄷ ㅌ	ㄹ
입술소리 [脣音]	입의 형상을 본뜸	ㅁ	ㅂ	ㅍ
잇소리 [齒音]	이의 형상을 본뜸	ㅅ	ㅈ ㅊ	ㅿ
목소리 [喉音]	목구멍의 형상을 본뜸	ㅇ	ㆆ ㅎ	

에 일반 백성들이 사용하기에는 매우 불편했을 거야.

세종대왕은 이렇게 문자 없는 설움 속에서 살던 우리 백성들을 안타깝게 여겨 1443년에 한글을 창제했는데, 이는 지금까지도 우리 역사에 매우 획기적이고 빛나는 가치로 남아 있어. 한글은 전 세계의 글자 중에서 유일하게 창제 연도·주체·원리가 남아 있는 문자로, 일제 시대에 훈민정음 해례본이 발견되면서 모두 밝혀졌단다.

그럼 한글의 '자음'이 어떻게 만들어졌는지 살펴보자. 한글의 자음 기본자는 'ㄱ, ㄴ, ㅁ, ㅅ, ㅇ'인데, 이는 모두 발음기관의 모습을 형상화한 거란다. 'ㄱ'을 발음해보면 지금 현대 국어에서 연구개음으로 발음돼. 발

⠿ 모음의 제자 원리 ⠿

상형	기본자	초출자	재출자
둥근 모양은 하늘을 본뜸	·		
편평한 모양은 땅을 본뜸	―	ㅗ ㅏ ㅜ ㅓ	ㅛ ㅑ ㅠ ㅕ
일어선 모양은 사람을 본뜸	ㅣ		

음될 때 혀의 뿌리가 목구멍을 막고 있는 형상이 된다고 해서 그 모양을 본떠 'ㄱ'을 만든 거야. 그리고 거기에 획을 더해서 'ㅋ'을 만들었고, 같은 발음 위치에 있는데 전혀 다른 모양을 가지고 있다고 해서 이체자로 'ㆁ'(옛이응)을 만들었어.

'ㄴ'은 현대의 혀끝소리야. 혀끝이 윗잇몸에 닿는 모양을 형상화해서 만들었고, 거기에 획을 더해 'ㄷ'과 'ㅌ'을 만들었어. 또한 발음 위치가 같은데 전혀 다른 모양으로 만들었다고 해서 이체자로 'ㄹ'을 만들었어. 자음의 기본자를 만드는 과정은 앞쪽에 제시된 표와 같이 정리할 수 있어.

그럼 모음 기본자는 어떻게 만들었을까? 이 세상을 구성하는 것이 무엇인지 고민한 뒤 이에 적합한 '하늘' '땅', 그 가운데 있는 '사람'의 형상을 본떠서 기본자로 '·(아래아), ―, ㅣ'를 만들었어. 즉 천지인(天地人)을 본떠서 모음의 기본자를 만든 거야. 그렇게 만들어진 기본자 '―'와 'ㅣ'에 '·'를 결합해 'ㅗ, ㅏ, ㅜ, ㅓ'를 만들었고, 여기에 한 번 더 결합해서 'ㅛ, ㅑ, ㅠ, ㅕ'를 만들었어. 위의 표를 보면서 정리해보렴.

4장 국어 공부의 왕도는 문법이다

이번에는 한글의 우수성에 대해 알아볼까? 상형의 원리에 따라 기본 글자를 만들고, 소리의 관련성에 따라 글자를 확장했지. 예를 들면 'ㄱ' 과 'ㅋ'의 발음 위치가 같고, 'ㄴ'과 'ㄷ' 'ㅌ'의 발음 위치가 같잖아. 이는 매우 과학적인 거야. 또 한글은 모아쓰기를 하기 때문에 정보 처리의 효율성이 굉장히 높아. 영어의 'apple'과 다르게 우리는 '사과'라고 발음 나는 단위로 모아쓰지.

이뿐 아니라 한글은 하나의 글자가 한 가지 소릿값을 지니기 때문에 누구나 쉽게 읽고 쓸 수 있어 매우 실용적이고 평이해. 예를 들어 한글의 'ㅏ'는 〔a〕라는 하나의 소릿값을 가지지만, 알파벳 'a'는 〔æ〕〔ə〕〔a〕 등으로 다양하게 발음돼. 그런 의미에서 요즘 각광받고 있는 음성 실현 정보화 도구로써도 한글은 매우 우수하단다.

훈민정음 서문

世·솅宗종 御·엉製·졩 訓·훈民민正·졍音흠
나·랏:말쓰·미 中듕國·귁·에 달·아 文문字·쫑·와·로 서르 스뭇·디 아·
니홀·씨 이런 젼·츠·로 어·린 百·빅姓·셩·이 니르·고·져 ·홇·배이·셔·도
무·춤:내 제 ·쁘·들 시·러 펴·디 :몯홇·노·미 하니·라 ·내 ·이·를 爲·윙·
ᄒᆞ·야 :어엿·비 너·겨 ·새·로 ·스·믈여·듧字·쫑·를 밍·ᄀᆞ노·니 :사름:마·다
:히·여 :수·비 니·겨 ·날·로 ·ᄡᅮ·메 便뼌安한·킈 ᄒᆞ·고·져 홇 ᄯᆞᄅᆞ·미니·라

현대어 풀이

우리나라 말이 중국과 달라 한자와는 서로 통하지 아니해서 이런 까닭으로 어리석은 백성이 말하고자 하는 바가 있어도 마침내 제 뜻을 능히 펴지 못하는 사람들이 많다. 내가 이것을 가엾게 생각해 새로 스물여덟 글자를 만드니, 모든 사람들로 하여금 쉽게 익혀서 날마다 사용하는 데 편하게 하고자 할 따름이다.

시, 소설, 희곡 등 문학의 여러 가지 갈래의

특성을 살펴보고, 각 글의 갈래를 구성하는

중요한 요소에 대해서 알아봐요.

문학의 특성을 파악한 뒤 다양한 관점과 방법으로

작품을 해석하고 평가하는 과정도 공부해요.

5장

국어 공부의 꽃은
문학이다

비유와 상징의 공통점과
차이점은 무엇인가요?

문학은 말하고자 하는 바를 직설적으로 말하지 않고 비유와 상징 등의 표현 방법을
사용해 말의 묘미를 느끼게 하고 의미를 더욱 효과적으로 전달한다.

　문학이 뭘까? 우리 친구들이 친구랑 나눈 대화, 예를 들면 "철수야, 밥
먹었어?" "아니, 라면 먹으려고."와 같은 일상적 대화와 문학적 언어는
무엇이 다를까? 문학과 일상 언어, 둘 다 어떤 의도와 내용을 전달하기
위해서 사용해. 그런데 일상 언어는 말하고자 하는 바를 직설적으로 전
달하고, 문학에 쓰이는 언어는 돌려 말하거나 여러 가지 표현법을 사용해
서 쓰지. 그 중에서도 '비유'와 '상징'이 가장 많이 쓰인단다.

　선생님은 지금 국어의 여러 가지 개념에 대해 설명하는 글을 쓰고 있
어. 그러면서 생각하기를 '적당히 식은 맛있는 죽'같이 설명해야겠다고
마음먹었어. 이게 무슨 말일까? 국어의 여러 개념들이 아이들의 머릿속

186

에 술술 들어가면서도 아주 재미있고 쉽게 전달되는 책을 써야겠다는 말인 거지. 이것도 '비유'라고 볼 수 있단다. 이처럼 비유와 상징은 문학적 표현뿐 아니라 일상생활에서도 많이 사용돼. 비유와 상징에 대해 좀더 자세히 알아보자.

먼저 비유부터 살펴보자. 문학에서 비유는 어떻게 표현하느냐에 따라 그 종류가 다양해. 예시 문장을 함께 보면서 설명을 들으면 이해하기가 더 쉬울 거야.

> 나는 국어를 적당히 식은 맛있는 죽같이 설명할 거야.

이 문장에서 원래 드러내고자 하는 것(원관념)은 '국어'야. 그리고 그것을 빗댄 대상(보조관념)은 '적당히 식은 맛있는 죽'이지. 이렇게 원관념을 보조관념에 빗대어 표현할 때 '~처럼' '~같이' '~듯이' 등으로 직접 연관 지어 나타내는 것을 직유법이라고 한단다. 그럼 다음 문장을 살펴보자.

> 우리 엄마는 추운 겨울날 모락모락 김이 나는 따뜻한 호빵이야.

이렇게 표현했을 때 원관념이 뭐지? 맞아, '우리 엄마'야. 그럼 무엇에 빗대었어? 즉 보조 관념이 뭐야? 그래, '호빵'이지. 원관념과 보조관념을 연결하는 말없이 바로 연결했지. 'A는 B다'처럼 말이야. 이러한 비유법을 은유법이라고 한단다. 직유법과 은유법은 가장 많이 쓰이는 비유법이니 잘 정리해둬. 이제 다음 문장을 보자.

> 나무들이 병들어 병원에 다녀왔다.

위 표현은 '나무'가 '병들어 병원에 다녀왔다.'고 표현했지. 그런데 나무가 사람처럼 병이 들고 병원에 다녀올 수 있을까? 사람이 아닌 대상(나무)을 사람(병들어 병원에 다녀왔다)처럼 표현해서 참신한 느낌을 주고 있지. 사람이 아닌 사물·동물·식물을 사람처럼 말하고 행동하도록 나타낸 것을 의인법이라고 한단다. 그럼 다음 문장도 의인법일까?

> 파도가 으르렁거린다.

이 문장은 '파도'를 '으르렁거린다.'고 해서 짐승처럼 표현했어. 생물이 아닌 원관념을 생물처럼, 즉 식물·곤충·동물처럼 표현하는 것을 활유법이라고 한단다.

이렇게 전달하고자 하는 것을 다른 대상에 빗대어 돌려 말하기를 통해 참신하고 독특한 느낌을 주는 것이 바로 '비유'야.

그럼 상징은 뭘까? 추상적인 사물·관념·사상 등을 효과적으로 표현하기 위해 구체적인 사물로 나타내는 것을 말해. 이 역시 예시를 함께 보는 편이 더 쉬울 것 같아.

> 나는 십자가를 믿고 의지해.

위의 문장에서 '십자가'가 정말 십자가 모양을 의미할까? 그렇지 않아. 아마 '기독교' 혹은 '하나님과 예수님'을 의미할 거야. 오랜 세월 동안 그렇게 사용되다 보니 관습적으로 '십자가'는 '기독교'라고 인식되는데, 이걸 바로 '상징'이라고 해. 여기서 더 구체적으로 들어가면 이것을 관습적 상징이라고 한단다. 상징에는 관습적 상징처럼 옛날부터 이어져 와 그렇게 여겨지는 상징이 있는가 하면, 구체적 작품 안에서 개인이 독창적으로 창조해낸 상징도 있어.

> 괴로웠던 사나이 / 행복한 예수 그리스도에게처럼 / 십자가가 허락된다면 // 모가지를 드리우고 / 꽃처럼 피어나는 피를 / 어두워가는 하늘 밑에 / 조용히 흘리겠습니다

윤동주의 '십자가'라는 시야. 여기에서 '십자가'는 무엇을 의미할까? 아마 시 안에서 해석되겠지. 윤동주의 시에서 '십자가'는 '자기 희생'을 의미해. 이렇게 작품 안에서 개인이 창조해낸 상징을 개인적 상징이라고 해.

이렇게 문학에서는 말하고자 하는 바를 효과적으로 전달하기 위해서 비유와 상징이 사용되니 그 개념과 특징을 잘 숙지해두자.

지식 더하기

비유와 상징의 차이점

비유	상징
• 원관념과 보조관념이 1:1 대응을 이룸	• 원관념과 보조관념이 다(多) : 1 대응을 이룸
• 원관념이 주로 드러남 • 원관념과 보조관념 사이에 유사성이 있는 경우가 많음	• 원관념이 드러나지 않음 • 원관념과 보조관념 사이에 유사성이 없는 경우가 더 많음

다양한 표현 방식에 대해
알아볼까요?

모든 글에는 효과적인 의미 전달을 위해 다양한 표현 방식이 쓰인다.
표현 방식은 말하고자 하는 것을 직접 말하지 않고 다르게 돌려 말하는 방법이다.

앞에서 문학의 대표적 표현 방법인 비유와 상징을 살펴보았지? 문학에서 가장 특징적인 표현 방법이 비유와 상징이기는 하지만 그 밖에 다른 표현 방식도 많이 사용돼. 그리고 이런 표현 방식, 즉 수사법이 문학작품에서 두드러지는 건 사실이지만 논설문, 설명문 등 다른 종류의 글에도 많이 사용된단다. 또 다이어트 중인 친구가 "떡볶이가 자꾸 나보고 먹어달라고 해서 어쩔 수 없이 먹었지 뭐야."라고 말할 때, 일상 언어에서도 수사법이 사용된다는 것을 알 수 있어.

앞에서 '비유하기'는 살펴봤기 때문에 이번에는 '강조하기'와 '변화주기'를 살펴볼 거야. 먼저 강조하기부터 살펴보자.

> 좋아 죽을 뻔했어.

위 표현을 보면 설마 좋다고 죽기까지 하겠냐는 생각이 들지? '좋다'는 마음을 강조하고자 실제보다 더 부풀려 말하고 있어서 그래. 이처럼 사물의 수량·상태·성질 또는 글의 내용을 실제보다 더 늘리거나 줄여서 표현하는 방법을 과장법이라고 해.

> 산아, 푸른 산아, 철철철 흐르듯 짙푸른 산아

박두진의 시 '청산도'의 일부야. 어떤 말이 반복되고 있니? '산아'라는 말이 반복되어 의미를 강조하면서 운율까지 형성하고 있어. 이렇게 같은 단어·구절·문장을 반복해 뜻을 강조하는 방법을 반복법이라고 해.

> ❶ 나는 사과, 딸기, 파인애플, 석류 등 과일을 좋아해.
> ❷ 원숭이 엉덩이는 빨개~ 빨가면 사과, 사과는 맛있어…

위 예시의 ①은 과일의 종류를 나열하면서 '과일을 좋아하는' 마음을 강조하고 있어. 이처럼 여러 대상을 나열하고 열거해서 의도하는 바를 강조하는 방법을 열거법이라고 해. ②은 어딘가 익숙하지? 어렸을 때 많이 부르던 노래인데, 노래 가사처럼 말의 꼬리를 물고 문장을 계속 연쇄적으로 잇는 방법을 연쇄법이라고 해.

이 외에도 내용의 비중이나 정도를 한 단계씩 높여서 뜻을 점점 강하고 깊게 표현하는 방법인 점층법, "산산이 부르다 내가 죽을 이름이여!"라는 어느 시구처럼 자신의 감정을 기탄없이 쏟아내듯 표현하는 영탄법이 강조하기에 속해. 비교와 대조도 강조하기에 속한단다.

이번에는 변화주기를 살펴보자. 변화주기는 말 그대로 표현에 변화를 주어 원하는 내용을 효과적으로 표현하는 방법이야.

> ❶ 나는 아직 기다리고 있을테요 / 찬란한 슬픔의 봄을
>
> ❷ 가난하다고 해서 사랑을 모르겠는가

①은 김영랑의 '모란이 피기까지는'의 일부야. 문장이 어딘가 이상하지? 우리말의 일반적인 어순은 '목적어＋서술어'인데, '서술어＋목적어'로 어순이 바뀌었잖아. 이처럼 문장의 어순을 바꾸어서 표현에 변화를 주는 것을 도치법이라고 해. ②은 신경림의 '가난한 사랑노래'의 한 구절이야. 가난해도 인간이 느끼는 기본 감정인 사랑은 안다는 말을 하고 있지. 그런데 일부러 의문문의 형식으로 끝을 맺어 독자로 하여금 스스로 생각해 진리를 도출하도록 했어. 이런 표현법을 설의법이라고 해.

> 돌담에 속삭이는 햇발같이 / 풀 아래 웃음 짓는 샘물같이

앞에 나온 김영랑의 '돌담에 속삭이는 햇발같이'의 시구를 보면, 앞문장과 뒷문장이 비슷한 문장 구조로 짝을 이루어 대응하고 있지? 이런 표현법을 대구법이라고 해.

❶ 괴로웠던 사나이 / 행복한 예수 그리스도에게처럼
❷ 나 보기가 역겨워 / 가실 때에는 / 죽어도 아니 눈물 흘리우리다

그리고 변화주기에서 정말 중요한 표현 방법이 있는데, 바로 '역설'과 '반어'야. 역설법은 위의 ①처럼 딱 보기에 문장이 말이 안 되는 것 같고 모순된 표현처럼 보여. ①은 앞에서도 살펴본 윤동주의 시 '십자가'의 한

구절인데 표면적으로만 보면 괴롭다고 해놓고 다시 행복하다고 표현하다니, 말이 안 된다고 생각할 수 있어. 하지만 본뜻을 잘 살펴보면 그 안에 큰 이치를 담고 있단다. 예수 그리스도는 십자가에 못 박혀 돌아가실 때 육체적으로는 괴로웠겠지만, 전 인류를 구원한다는 가치에 행복했을 수도 있거든. 이렇게 모순된 표현 같지만 그 안에 참뜻을 담은 표현 방법이 바로 역설법이야.

　반대로 반어법은 문장을 봤을 때는 전혀 모순된 표현처럼 보이지 않아. 단지 자신의 속뜻과 반대로 말하는 것뿐이니까. ②은 워낙 유명한 시라 다들 알지? 김소월의 '진달래꽃'이야. 시구를 보면 떠나는 님 때문에 절대 눈물을 흘리지 않겠다고 했지만, 속마음은 그렇지 않아. 실제로는 이별의 슬픔에 아주 많이 울 것이 확실해. 이처럼 자신의 속마음과 반대로 말하는 게 '반어법'이지. 즉 역설법은 모순된 표현이 눈에 바로 보이지만, 반어법은 문장으로만 봤을 때는 모순된 표현이 없다는 점에서 차이가 있어. 어때, 잘 구분할 수 있겠지?

　이 외에 변화주기에는 돈호법도 있어. "누이야, 지금도 살아서 보는가."처럼 누군가를 부르는 말을 써서 주위를 환기시키는 방법이지.

　지금까지 살펴본 모든 표현 방식들은 글쓴이가 좀더 참신하고 미적인 느낌이 잘 드러나게 해서 효과적으로 표현하고자 할 때 쓰는 표현이라는 것을 꼭 기억해!

반어적 성격의 소설

- **전영택의 『화수분』**: 주인공의 이름인 '화수분'↔가난한 실생활

- **김동인의 『감자』**: 주인공의 이름인 '복녀(福女)'↔그녀의 박복한 일생

- **채만식의 『태평천하』**: 제목 '태평천하'↔당대의 현실(일제 치하)

- **현진건의 『운수 좋은 날』**: 제목 '운수 좋은 날'↔아내가 죽은 가장 불행한 날

- **채만식의 『치숙』**: 제목이자 등장인물인 '치숙(痴叔)'↔'아저씨'는 현명한 인물.
  정작 어리석은 인물은 서술자인 '나'

운율에 대해
체계적으로 살펴보자

시의 가장 큰 특징은 운율이다. 운율의 종류에는 외형률과 내재율이 있고,
운율을 일으키는 방법에는 같은 말이나 음, 글자수, 문장 구조의 반복 등이 있다.

　'시'를 읽어보거나 공부해본 적이 있을 거야. 문학에는 여러 갈래가 있지만 그 중 시는 소설이나 수필 등과 다른 특성이 있어. 시 역시 문자 언어로 되어 있지만 읽다 보면 '노래를 부르는 것과 같은 느낌'을 준다는 거지. 이렇게 시는 음악성이 드러나는 노래와 비슷해서 실제로 시가 노래가 되기도 하고, 노랫말을 적어보면 노래가 시처럼 느껴지기도 해. 이게 다 시가 가지는 운율 때문이야.

　시의 특징으로 '운율'에 대해 많이 들어봤지? 문학의 갈래 중 시는 마음속에 떠오르는 생각이나 느낌을 운율이 있는 언어로 압축해 표현한 글을 말해. 여기서 운율은 시를 읽을 때 느껴지는 말의 가락을 말한단다.

요즘 유행하는 대중 가요를 들어봐. 대중 가요에도 반복되는 부분이 굉장히 많아. 즉 이게 가락이고 음악성이란다. 그럼 시에 드러나는 운율의 종류에는 뭐가 있을까?

운율에는 외형률과 내재율이 있어. 먼저 외형률을 살펴보자. 외형률은 시의 운율이 겉으로 드러나 뚜렷하게 규칙성을 보이는 운율이야. 주로 정형시에 드러나. 정형시가 뭐냐고? 형식이 딱 정해져 있는 '시조'같은 게 바로 정형시야.

시조의 형식은 초장·중장·종장으로 3장에 총 12음보로 구성되고, 글자 수는 45자 내외로 정해져 있잖아. 끊어 읽는 마디를 '음보'라고 하는데 한 장에 4음보로 구성되어 있고. "이 몸이 / 죽고 죽어 / 일백 번 / 고쳐 죽

어" 이렇게 정해진 형식 안에서 뚜렷하게 드러나는 운율이 외형률이지.

　그럼 내재율은 뭘까? 내재율은 외형률처럼 운율이 겉으로 드러나지는 않지만 느낄 수 있는 운율로, 시조처럼 일정한 규칙성을 나타내지는 않아. 대부분의 현대시, 즉 요즘 우리가 공부하는 교과서 속의 자유시에서 주로 드러나.

　박두진의 '해'를 보면 "해야 솟아라, 해야 솟아라 / 말갛게 씻은 얼굴 고운 해야 솟아라" 이렇게 시작돼. 특별한 형식이 정해져 있는 시조는 아니지만 '해'라는 시어가 반복되고, '해야 솟아라'라는 문장 구조가 반복되어서 운율이 나타나고 있지. 이렇게 뚜렷하게 드러나지는 않지만 시어나 문장 구조가 반복되며 형성하는 운율이 바로 내재율이야.

　운율의 형성 방법은 정말 간단해. 숨은 그림 찾기를 하듯이 반복되는 부분을 찾는 거야. 반복되는 부분은 음운(자음과 모음), 시어, 문장 구조, 음보(끊어 읽는 마디), 글자 수 등 다양할 수 있지. 그럼 다음 예시를 보며 게임하듯 반복되는 부분을 찾아볼까?

---

❶ 종달종달 새소리 / 담장 위로 날고 // 도란도란 친구소리 / 담장 너
　머 들린다
❷ 나보기가 역겨워 / 가실 때에는 / 말없이 고이 보내 / 드리우리다
❸ 돌담에 속삭이는 햇발같이 / 풀 아래 웃음짓는 샘물같이
❹ 산에는 꽃 피네 꽃이 피네 / 갈 봄 여름 없이 꽃이 피네

한번 찾아봤어? ①을 보면 '종달종달'에 'ㅗ, ㅏ, ㅗ, ㅏ' 모음이 쓰였지. 또 '도란도란'에서도 'ㅗ, ㅏ, ㅗ, ㅏ' 모음이 쓰였어. 2번 이상 나오는 것을 '반복'이라고 한다면, 'ㅗ, ㅏ' 모음이 반복되면서 운율이 형성되었으니 이를 음운의 반복이라고 볼 수 있어. ②에 "나보기가 역겨워(7글자)/ 가실 때에는(5글자) / 말없이 고이 보내(7글자) / 드리우리다(5글자)"를 보면 글자 수가 7글자, 5글자로 반복되고 있어. 이렇게 글자 수의 반복으로 운율이 형성되는 것을 음수율이라고 해. 음수율에는 앞에서 본 7·5조 외에도 3·4조, 4·4조 등이 있어.

③에는 뭐가 반복되고 있니? "돌담에∨속삭이는∨햇발같이 / 풀 아래 ∨웃음 짓는∨샘물같이"처럼 끊어 읽는 마디가 3음보로 2번 이상 반복되고 있지. 이걸 음보의 반복이라고 해. 또한 '~에' '~는' '~같이'처럼 문장 구조 역시 반복되고 있어 운율을 형성한다고 볼 수 있어. 그럼 ④에서는 뭐가 반복될까? 맞아, '꽃' '피네' 등의 시어가 반복되고 있고, 끊어 읽는 마디도 3음보로 반복돼.

이제 어떤 작품을 보더라도 운율이 형성되는 요인을 찾을 수 있겠지? 운율의 개념을 이해하고 운율이 형성되는 방법만 잘 익혀도 이전보다 시 공부가 훨씬 재미있어질 거야. 운율은 시의 가장 큰 특징이고, 시와 관련되어 자주 출제되는 시험 유형이라는 것도 기억해.

시조를 알아보자

- **정의** : 고려 중엽에 발생해 오늘날까지 창작되고 있는 우리 고유의 정형시

- **형식** : 3장 6구 45자 내외(종장의 처음은 3글자로 고정됨)

- **운율** : 3·4조(4·4조), 4음보

> 예 이 몸이 죽고 죽어 일백 번 고쳐 죽어
>
> 백골이 진토되어 넋이라도 있고 없고
>
> 님 향한 일편단심이야 가실 줄이 있으랴

위 예시는 국어 시간에 배우는 대표적인 시조 중 하나로 정몽주의 '단심가'다.

소리 내 읽어보며 운율을 느껴보자.

심상에 대해
구체적으로 알아보자

시를 읽을 때는 보통 머릿속에 이미지가 그려지며, 이를 '심상'이라고 한다.
심상에는 시각적 심상, 청각적 심상, 후각적 심상, 촉각적 심상, 미각적 심상이 있다.

　김광균의 '외인촌'이라는 시를 보면, "지나가던 구름이 하나 새빨간 노을에 젖어 있었다"라는 부분이 있어. 이 부분을 읽을 때면 우리의 머릿속에 '새빨간 노을이 지는 황혼의 풍경'이 그려지지. 마치 그림을 보듯이 말이야. 문자로 된 시를 읽고 있지만 머릿속에는 회화 같은 그림이 그려지는 거지.

　이렇게 시를 읽으면서 머릿속에 그려지는 이미지를 심상(心象)이라고 해. 심상은 시각적 심상, 청각적 심상, 후각적 심상, 촉각적 심상, 미각적 심상, 그리고 공감각적 심상으로 6가지 종류가 있어. 다음 예시를 보면서 어떤 이미지가 마음속에 그려지는지 생각해보자.

x

❶ 나는 그대의 흰 그림자를 안고 옥같이 / 그대의 뱃전에 부서지리다

❷ 내 홀로 밤 깊어 뜰에 내리면 // 머언 곳에 여인의 옷 벗는 소리

❸ 달은 과일보다 향그럽다

❹ 젊은 아버지의 서느런 옷자락

❺ 소금보다 짜다는 / 인생을 안주하여 / 주막을 나서면

❻ 분수처럼 흩어지는 푸른 종소리

①은 김동명의 '내 마음은'이라는 시의 일부야. 천천히 읽어보면 '흰 그림자'의 색채가 눈에 보이는 듯 느껴지지 않니? 이렇게 색채·명암·모양·움직임 등 눈을 통해 떠올리는 이미지를 시각적 심상이라고 해.

②은 김광균의 '설야(雪夜)'인데, '옷 벗는 소리'가 저 멀리서 들리는 듯 느껴져. 이렇게 소리의 감각에 호소하는 이미지를 청각적 심상이라고 해.

③은 장만영의 '달·포도·잎사귀'라는 시야. '향그럽다'라는 표현이 사용되고 있어. 어디선가 향기로운 냄새가 나는 것 같지 않아? 이렇게 냄새의 감각을 이용한 이미지를 후각적 심상이라고 해.

④은 김종길의 '성탄제'라는 시로, 옷자락이 서늘하다고 표현했어. '서느런'이라는 말을 통해 뭔가 시원하고 차가운 촉감을 가진 것을 만지고 있는 듯 느껴지지. 이렇게 사물이 피부에 닿는 감촉과 관련된 이미지를 촉각적 심상이라고 해.

⑤은 김용호의 '주막에서'라는 시야. 소금을 먹어본 적 있는 친구들은

'소금보다 짜다는'이라는 부분을 읽고 '짠맛'이 느껴지는 듯했을 거야. 이렇게 맛의 감각을 이용한 이미지를 미각적 심상이라고 해.

ⓖ은 김광균의 시 '외인촌'의 일부야. 예시 부분을 보면 '분수처럼 흩어지는 푸른'은 시각적 심상인데, 그 뒤에 연결되는 '종소리'는 청각적 심상이지. 이렇게 두 종류 이상의 감각이 결합되어 이루어진 이미지, 즉 감각이 전이되어 표현된 심상을 공감각적 심상이라고 해.

그런데 '분수처럼 흩어지는 푸른 종소리'에서 궁극적으로 표현하고자 한 것은 무엇이지? 맞아, '종소리'야. 종소리(청각적 심상)을 더 효과적으로 표현하기 위해 '푸른'이라는 시각을 빌려온 거야. 그래서 ⓖ 같은 경우를 공감각적 심상이면서 '청각의 시각화'를 했다고 말해.

심상은 시에서 드러내는 추상적인 생각을 우리가 감각으로 쉽게 이해할 수 있도록 구체적인 언어로 전달해서 생동감 있는 느낌을 준단다. 또한 감각적으로 표현해서 뚜렷하고 직접적인 인상을 주지. 그래서 시인은 자신의 생각을 더 효과적으로 표현하기 위해 심상을 활용하는 거야.

공감각적 심상의 종류

- 옛 이야기 지줄대는 실개천(시각의 청각화)　　　　　　　_ 정지용, '향수(鄕愁)'

- 관이 향기로운 너는(시각의 후각화)　　　　　　　　　　_ 노천명, '사슴'

- 나는 향기로운 님의 말소리에 귀먹고(청각의 후각화)　　_ 한용운, '님의 침묵'

- 피부의 바깥에 스미는 어둠(시각의 촉각화)　　　　　　_ 김광균, '와사등'

화자와 서술자에 대해 구체적으로 살펴보자

시인의 생각과 느낌을 시 안에서 효과적으로 전달해주는 인물을 '시적 화자'라고 하고,
소설에서 이야기를 전달하는 인물을 '서술자'라고 한다.

다음 상황을 생각해보자. 어제 몸이 아파서 학교에 못 갔는데 학교에서 민준이와 영현이가 싸웠다는 거야. 그 이야기를 오늘 학교에 와서 듣게 된 거지. 여러 친구들이 나에게 그 이야기를 해줄 수 있어. 민준이가 영현이의 잘못을 언급하며 이야기해줄 수 있고, 영현이가 민준이의 잘못을 언급하며 이야기를 들려줄 수도 있지. 또는 다른 친구들이 이야기를 들려줄 수 있어. 아마 누구에게 이야기를 듣느냐에 따라 전달받는 내용과 관점이 다 다를 거야. 이때 이야기를 해주는 사람이 바로 화자와 서술자야.

'시'는 어떤 갈래지? 정서와 감정을 주로 전달하는 갈래라고 했어. 그

정서와 감정을 시 안에서 효과적으로 전달하는 사람을 시적 화자 혹은 시적자아, 서정적 자아라고 해.

김소월의 시 중에 "엄마야 누나야 강변 살자 / 뜰에는 반짝이는 금 모래빛 / 뒷문 밖에는 갈잎의 노래 / 엄마야 누나야 강변 살자"라는 시구가 있어. "엄마야 누나야"라고 친근하게 부르고 있어서 마치 어린 소년이 말하는 것 같지. 하지만 이 시는 실제 시인인 김소월이 성인 시절에 쓴 시야. 그럼 왜 소년의 목소리로 표현했을까? '평화로운 자연에서 살고 싶은 소망'을 소년의 목소리로 나타낼 때 더 효과적으로 전달할 수 있기 때문이지.

이처럼 시를 읽을 때는 시적 화자가 누구인지를 아는 게 중요해. 시적 화자를 찾기 위해서는 시적 화자가 시의 표면에 드러나 있는지 파악하면서 '나'라는 말을 찾으면 돼. '나'가 나오면 시적 화자가 시에 드러나 있는 것이고, '나'라는 말이 없으면 시적 화자가 숨어 있는 경우지만, 어느 경우든 시적 화자는 반드시 존재한단다. 화자의 종류는 화자가 전달하는 말투(어조)와 관련이 있는데 여성적 화자, 남성적 화자, 의지적 화자, 자기 고백적 화자 등으로 나누어질 수 있어.

'소설'은 사건 중심의 갈래이기 때문에 서술자의 역할이 굉장히 커. 이 서술자가 대상이나 사건을 바라보는 위치와 시각을 '시점'이라고 하는데, 소설을 읽을 때는 서술자를 파악하고 그에 따른 시점이 무엇인지를 아는 것이 매우 중요해. 이번에는 서술자의 위치와 시각, 즉 시점을 파악하는 방법을 살펴보자.

소설 역시 시처럼 작품을 읽으면서 '나'라는 말이 있는지 찾아보는 게 우선이야. '나'라는 말이 있으면 이 경우는 서술자가 작품 안에 위치한 경우야. 즉 1인칭 시점이지. 그러고 나서 '나'가 주인공인지, 주인공 옆에 머무는 목격자나 주변인인지 살펴봐. '나'가 주인공이면 1인칭 주인공 시점이고 관찰자라면 1인칭 관찰자 시점이야.

작품 속에 '나'라는 말이 없는 경우는 서술자가 작품 밖에 위치한 경우야. 그럴 때는 서술자의 능력을 따져봐야 해. 작품 밖 서술자가 작품 안 등장인물의 심리나 성격까지 모두 말해줄 수 있는, 마치 전지전능한 신과 같은 능력을 가지고 있다면 전지적 작가 시점이야. 반대로 작품 밖 서술자가 작품 속 인물과 상황을 말해주는데, 그냥 말과 행동 같은 겉으로 관찰되는 내용만 전달해준다면 작가 관찰자 시점이야.

이렇게 소설의 시점은 4가지로 구분된단다. 이제 방법을 알았으니 모든 작품을 볼 때 시점을 스스로 파악할 수 있을 거야. 그럼 각 시점들의 특징을 간단히 살펴보자. 1인칭 주인공 시점은 작품 속 서술자가 자기 자신의 이야기를 하는 것으로 독자에게 신뢰감과 친근감을 줘. 1인칭 관찰자 시점은 주인공의 심리가 직접 나오지 않기 때문에 독자들의 상상력을 자극해.

전지적 작가 시점은 모든 것을 다 말해주기 때문에 상상력이 제한되며 대부분의 고전 소설이 이 시점을 가져. 작가 관찰자 시점은 서술자의 태도가 객관적이지. 시점에 따라 전달되는 내용이 다르며 작가는 주제를 가장 효과적으로 전달할 수 있는 방법으로 시점을 선택한단다.

배운 내용을 활용해보자

앞에서 알려준 방법으로 다음 글은 어떤 시점인지 파악해보자.

> 하루는 밤에 아저씨 방에서 놀다가 졸려서 안방으로 들어오려고 일어서니까 아저씨가 하아얀 봉투를 서랍에서 꺼내어 내게 주었습니다. "옥희, 이거 갖다가 엄마 드리고 지나간 달 밥값이라구, 응." 나는 그 봉투를 갖다가 어머니에게 드렸습니다. 어머니는 그 봉투를 받아 들자 갑자기 얼굴이 파랗게 질렸습니다. 그 전날 달밤에 마루에 앉았을 때보다도 더 새하얗다고 생각되었습니다. 어머니는 그 봉투를 들고 어쩔 줄을 모르는 듯이 초조한 빛이 나타났습니다.
>
> _ 주요섭, 『사랑 손님과 어머니』

정답 1인칭 관찰자 시점

허구성과 진실성은 문학에서 어떻게 나타나죠?

소설과 극문학은 사건과 갈등이 있는 서사적인 문학이다.
이들의 공통적인 특성은 바로 허구성과 진실성이다.

소설 좋아하는 친구들 많지? 선생님도 소설을 굉장히 좋아하는데, 읽다 보면 어느새 소설에 몰입하게 되고, 소설 속 일들이 내 주변에서 실제로 일어나는 일처럼 여겨져 읽는 즐거움이 있어. 하지만 소설은 기본적으로 작가가 상상해서 꾸며낸 이야기야. 즉 실제 일어난 일을 바탕으로 하지 않았다는 거지. 이것을 소설의 허구성이라고 해.

그럼 이런 거짓말을 우리가 왜 공부하고 읽어야 하냐고 말하는 친구들도 있을 거야. 물론 소설은 사실이 아니지만 그 이야기 속에서 우리는 인생의 진실을 깨달을 수 있어. 이게 바로 우리가 소설을 읽는 이유지. 예를 들어 『흥부전』의 이야기를 생각해볼래? 흥부가 박을 타서 부자가 되었다는 이야기는 분명 실제로 일어날 수 있는 일은 아니야. 하지만 『흥부전』을 읽고서 우리는 '선하게 사는 사람은 결국 좋은 일이 생기는구나.' '형제 간의 우애가 굉장히 중요한 법이지.' 등의 깨달음, 즉 인생의 진실을 얻어. 이게 바로 소설의 진실성이야.

또 소설은 우리 주변에서 일어날 법한 일을 다룬단다. 이것을 개연성이라고 해. 개연성이라는 말이 조금 어렵지만 쉽게 말하면 소설은 실제 현실에서 충분히 일어날 수 있는 일을 다룬다는 뜻이야. 잘 이해했지?

그럼 소설에는 어떤 특성이 있을까? 앞서 시는 주로 정서와 감정을 드러내는 글의 갈래라고 했던 거 기억나? 이와 달리 소설은 사건과 갈등이 전개되면서 이야기가 진행돼. 즉 시간의 흐름에 따른 사건의 전개가 나

타난다고 해서 소설은 서사성을 가진다고 해.

또한 소설이 줄글로 되어 있다는 점에서 산문성을 가지기도 하고, 다른 문학의 갈래와 마찬가지로 언어를 매개로 한 예술이라는 점에서 예술성이라는 특성을 말하기도 해.

이뿐 아니라 문학 작품 속 세계는 실제 세상은 아니지만 우리가 살고 있는 세상과 사회를 모방해서 반영했다는 측면을 두고 사회성과 모방성이라는 특성을 말하기도 한단다. 예를 들어 하근찬의 『수난이대』라는 작품을 보면 아버지는 일제 강점기에 징용에 끌려갔다가 팔 하나를 잃고, 아들은 6·25 전쟁에 참전해 다리 하나를 잃은 내용이 담겨 있어. 즉 이들이 겪는 수난과 극복 의지에 초점을 맞춘 이 작품에는 실제 우리의 역사와 사회 현실이 반영되어 있는 거지. 그러니 작품에 반영된 사회 현실을 잘 알아야 작품에서 말하는 주제도 잘 이해할 수 있어.

우리 친구들, 혹시 연극 본 적 있니? 영화나 드라마는? 보통 연극의 대본이 되는 것을 '희곡'이라고 하고, 드라마나 영화의 대본을 '시나리오'라고 해. 그리고 이 둘을 '극문학'이라고 할 수 있어. 이 극문학 역시 허구성·진실성·개연성·서사성·예술성 등의 특성을 가진다는 점도 꼭 기억해.

이렇게 문학 작품 속에 드러나는 세상은 허구적인 세상이지만 우리는 그 세상을 보고 삶의 모순, 갈등 관계 등을 파악하고 깨달음을 얻어. 그리고 그 깨달음은 우리의 삶을 더 나아지게 하고, 세상을 좀더 좋은 쪽으로 변화시키는 원동력이 되기도 해. 이뿐 아니라 문학 작품은 그냥 스쳐 지나갈 수 있는 모습들에 관심을 가지게 하고, 인생과 사람 사이의 관계에 대해 깊은 성찰을 할 수 있는 계기를 제공해주기도 하지. 이게 바로 문학의 효용적 가치이기도 하단다.

이렇게 소설과 극문학의 특성을 알아봤는데, 어때? 문학 작품을 많이 읽고 즐겨야겠다라는 생각이 들었을 거야. 선생님은 우리 친구들이 문학을 사랑하고 즐겼으면 좋겠어. 그럼 자연스럽게 국어도 잘하고 인생도 더 멋지게 살 수 있을 거야.

지식 더하기

소설과 극문학의 차이점

	소설	극문학
서술자	있음	없음
인물의 성격과 심리 제시 방법	서술자가 말해줄 수 있음	대사와 행동으로만 표현함
시간 표현 방법	과거형·추측형이 가능함	현재형으로만 표현함

갈등과 심리란 무엇이고
작품에서 어떻게 나타나나요?

소설이나 희곡, 시나리오에는 인물이 등장하며 인물들의 심리와 갈등이 나타난다.
또한 갈등이 전개되고 해결되면서 작품의 주제가 도출된다.

우리 친구들, 다음에서 설명하는 내용과 가장 관련 있는 문학의 갈래
가 무엇인지 한번 맞춰볼래? 주인공, 주변 인물 등 인물들이 등장하고 이
인물들이 좌충우돌 사건을 벌이고, 사건의 전개 과정에 따라 인물의 심
리와 갈등이 드러나. 문학의 갈래 중 어떤 게 떠올라? 그래, 소설이 떠오
르지. 그 밖에 극문학에 속하는 시나리오나 희곡도 떠오를 거야.

소설과 극문학에는 항상 갈등이 드러나기 마련이야. 갈등은 인물의 심
리나 인물 간에 어떤 정서나 의견이 서로 얽혀 있는 것으로, 글의 전개에
긴장감을 더해주고 사건 전개에 필연성을 부여하지. 만약에 '선남선녀가
만나서 아무런 어려움도 겪지 않고 첫눈에 반해 사랑에 빠져 축복 속에

결혼한 뒤 죽을 때까지 행복하게 살았다.'라는 내용의 소설과 영화가 있다면 정말 재미가 없을 거야. 악인이 등장해서 둘의 사랑을 방해하는 내용, 주인공이 모함에 빠졌지만 이를 극복하는 내용 등이 나와야 긴장감도 생기고, 사건의 이어짐도 자연스러울 거야. 그래서 모든 이야기 속에는 갈등이 등장하는 거지.

갈등의 종류에는 크게 '내적 갈등'과 '외적 갈등'이 있어. 내적 갈등은 말 그대로 한 인물의 마음속에 반대되는 둘 이상의 욕구가 동시에 일어나서 발생하는 갈등이야. 예를 들어 중국집에 전화를 하면서 자장면을 시킬지, 짬뽕을 시킬지 망설이거나 영희랑 사귈지, 순이랑 사귈지 고민하는 것 등이 내적 갈등이 될 수 있겠지.

그럼 외적 갈등은 뭘까? 한 인물과 외부 요인 사이에서 나타나는 갈등이야. 외적 갈등은 다양하게 나타날 수 있어. 예를 들어 철수와 민호가 의견 대립으로 언쟁을 벌이고 몸싸움까지 한다고 할 때, 이것은 개인과 개인의 갈등이야. 『홍길동전』에서 홍길동이 '적서차별제도' 때문에 출세의 길이 막히자 집을 나가 사회에 저항하는 것은 개인과 사회의 갈등이야.

또 무엇이 있을까? 『노인과 바다』를 보면 노인이 여러 자연 환경의 제약을 극복하고 큰 고기를 끝까지 육지로 가져 오려고 하잖아. 그것은 개인과 자연의 갈등이란다. 김동리의 『역마』라는 작품을 보면 주인공 '성기'가 한곳에 붙어 있지 못하고 이리저리 떠돌아다니는 운명(역마살)으로부터 벗어나려는 노력이 나타나는데 이와 같은 것을 개인과 운명의 갈등이라고 볼 수 있지.

소설·희곡·시나리오를 읽을 때는 각 내용에 드러난 갈등의 전개를 잘 파악하는 게 중요해. 특히 갈등이 어떻게 해결되는지에 따라 주제가 드러난다는 것을 기억해두렴.

갈등에 직면하거나 어떤 상황과 사건을 대하는 인물의 심리 혹은 인물의 성격은 2가지 방법으로 나타날 수 있어. 하나는 작품에서 직접 말해주는 거야. "춘향이는 명랑하고 솔직하다." "민호는 몹시 속상했다." 이런 식으로 직접 말해주는 것을 직접 제시 혹은 말해주기라고 해.

직접 제시처럼 서술자가 다 말해주는 방식 말고 인물의 말과 행동을 통해 보여주는 방식도 있어. 예를 들어 "민호는 상자를 가득 실은 손수레를 밀고 가는 할머니를 도와드렸다."라는 문장이 있다고 치자. 이 문장은 민호의 성격에 대한 별다른 서술 없이 행동만 보여줬어. 그런데 이 문장을 읽은 독자는 이렇게 생각해. '아, 민호가 착하구나.' 이렇게 인물이 하는 말이나 행동을 통해 인물의 성격이나 심리를 보여주는 것을 간접 제시 혹은 보여주기라고 한단다.

다시 한 번 강조하지만 소설이나 극문학을 읽을 때는 작품 속 갈등의 원인, 진행 과정, 해결 방식 등을 파악하는 것이 매우 중요해. 또한 인물의 심리나 성격, 태도를 파악하는 것도 작품 읽기에 많은 도움이 된단다. 그러니 지금까지 살펴본 내용을 꼭 기억하자.

시나리오와 희곡의 차이점

	시나리오	희곡
목적	영화나 드라마 상영	연극(무대) 상연
시공간의 제약성	희곡보다 자유로움	제약이 많음
등장인물	거의 제약을 받지 않음	제한됨
구성 단위	시퀀스(sequence)와 신(scene)	막과 장
특수 용어	카메라 촬영과 영상 편집에 관련된 특수 용어가 사용됨	거의 쓰이지 않음

문학 작품의 창작 의도는 어떻게 파악하나요?

작품 속에는 특정한 사회적·문화적·역사적 상황이 담겨 있다.
작품에 반영된 시대 상황을 통해 작가의 창작 의도를 알 수 있다.

한번은 선생님이 가르치는 중학생 친구에게 편안한 마음으로 시를 지어보라고 했더니, 운율을 살려서 이렇게 시를 지었더라.

> 시험 1등, 공부 1등 이기고 이기고 / 개성, 도덕 지고 지고 / 맹수에 쫓기는 가냘픈 사슴 나이고, 나이고

천천히 읽어보면 시험과 공부로 매겨지는 서열이 개인의 개성과 도덕성보다 중시되는 오늘날의 사회 현실을 비판하고 있음을 알 수 있어. 즉 굉장히 짧은 시지만 그 안에는 무한 경쟁이라는 시대상이 비판적으로 반

영되어 있고, 동시에 우리가 지향해야 되는 삶은 경쟁 사회 속의 1등이
아니라 개인의 개성과 도덕성이 인정되는 세상이어야 한다는 지은이의
의도가 담겨 있지.

　이렇게 문학 작품 속에는 특정한 사회적·문화적·역사적 상황이 담겨
있단다. 또 다른 예를 들어 볼까?『홍길동전』을 보면 주인공 '홍길동'이
비장한 각오로 집을 나갔잖아. 왜 나갔니? 실력이 있음에도 적자와 서자
를 차별하는 신분제도에 분개해 사회에 저항하고자 집을 나갔지. 즉『홍
길동전』에도 '적서차별제도'라는 그 시대의 사회상이 담겨 있는 거야.
만약 요즘 청년들이 가진 사회에 대한 저항 의식을『홍길동전』처럼 작품
에 담고자 한다면, 아마 신분제도보다는 청년 실업 혹은 학력과 돈 때문

에 차별받는 세태 등을 다루게 되겠지.

문학 작품을 읽을 때는 이와 같이 작품에 반영된 사회적 상황을 파악하는 것이 중요해. 작품에 반영된 사회의 모습을 통해 작가가 작품에서 드러내고자 하는 의도를 알 수 있기 때문이야. 즉 주제와 연결된다는 뜻이지.

앞에서 하근찬의 『수난이대』는 일제 강점기 때 징용에 끌려가서 팔 하나를 잃은 아버지 만도와 6·25 전쟁에 나가 다리 하나를 잃은 아들 진수의 이야기를 담고 있다고 했지? 그런데 왜 이 부자(父子)의 비극을 작품에서 보여주는 것일까? 왜 구체적인 사회적·역사적 배경을 작품에 노출시키는 것일까? 이는 한국 현대사의 가장 큰 비극을 보여주면서 개인의 비극은 역사적 현실과 결코 무관하지 않으며, 개인에게 미치는 사회적 영향력이 작지 않음을 알려주기 위함이야. 또한 전쟁의 비극을 보여줌으로써 그와 같은 일이 다시 일어나서는 안 된다는 것을 말하고자 했던 거지.

이 작품의 결말이 궁금하지? 팔 하나가 없는 아버지가 다리 하나가 없는 아들을 업고 외나무 다리를 건너는 장면으로 이야기는 마무리돼. 이 결말을 통해 작가는 한국 현대사의 비극과 개인의 비극은 극복 의지를 가지고 서로 협력함으로써 이겨낼 수 있다는 주제 의식을 전달하고 있어.

다른 작품을 볼까? 이육사의 '청포도'라는 시 4연과 5연을 보자.

> 내가 바라는 손님은 고달픈 몸으로 / 청포를 입고 찾아 온다고 했으니// 내 그를 맞아 이 포도를 따 먹으면 / 두 손을 함뿍 적셔도 좋으련

시 안의 맥락으로만 파악하면 이 시의 주제는 '풍요로운 세계에 대한 소망'으로 볼 수 있어. 그러나 '이육사'라는 시인이 실제 독립지사로 활동했었고, 일제 강점기에 이 시가 쓰였다는 것을 생각하면 시에 나타난 '손님'은 '조국 광복'으로 볼 수 있겠지. 그런 맥락으로 보면 이 시의 주제는 '조국 광복에 대한 염원'으로 볼 수 있어.

이처럼 문학 작품에는 특정한 사회적·문화적·역사적 상황이 담겨 있어. 그리고 이는 작품의 창작 배경이 되기도 하고, 주제와 관련되기도 하는 등 작품 전체의 의미를 형성하는 데 중요한 요소로 작용해. 그러므로 작품을 읽을 때는 문학 작품의 사회적·문화적·역사적 상황을 파악하고, 이를 통해 창작 의도를 파악해야 한단다.

구체적으로 어떻게 파악하면 좋을까? 작품의 창작 배경, 작가의 삶, 작품이 창작된 당시의 현실 상황 등을 통해 작품에 나타난 사회적·문화적·역사적 상황을 파악할 수 있어. 또한 그렇게 파악한 사회적·문화적·역사적 상황을 활용해 작품의 내용을 이해하고, 자신의 현실 상황과 관련해 작품을 감상할 수 있지. 다시 강조하지만 작품에 반영된 사회적·문화적·역사적 상황을 고려하는 것은 작품의 의미를 보다 분명하게 파악할 수 있기 때문에 매우 중요해.

현실 반영으로서의 문학의 특성

현실		작가		작품
실제 현실의 사회적·문화적·역사적 상황	⇒ ⇐	특정한 시대를 살아가는 사람들의 모습을 통해 주제 전달	⇒ ⇐	현실 세계의 사회적·문화적·역사적 상황을 반영해 창작된 허구적 세계

경험을 담은 글에는 무엇이 있고
어떤 특징이 있나요?

경험을 담은 글은 인생이나 자연에 대한 체험, 생각, 느낌을
특별한 형식의 제약 없이 산문 형식으로 쓰는 글이다.

'문학' 하면 우리는 보통 시나 소설을 많이 떠올려. 그런데 국어 교과
서 안에서 만나는 작품 중에는 의외로 수필도 많아.

글쓰기는 언제나 어렵다. 머릿속에 있는 생각을 글로 풀어낸다는 것, 내
가 의도하는 바를 정확하고 온전하게 전한다는 것은 언제나 어렵다. 이
런 어려움 속에서 글을 쓰고, 몇 번을 고쳐 썼다. 그럼에도 계속 고칠 부
분이 있다는 게 정말 신기하다. 인생사가 모두 그런 것은 아닐까? 성찰
하고 점검하면 반드시 고쳐야 하는 부분이 보이는 것, 그래서 더 발전적
으로 나아가는 건 아닐까. 그런 의미에서 언제나 자기 성찰은 필요하다.

예시문을 보면 글쓰기의 어려움을 토로하고 있고, 그로 인한 깨달음을 전달하고 있지. 이 글은 선생님이 직접 쓴 글이야. 이렇게 전문 작가가 아닌 사람도 일상적으로 쓸 수 있는 글이 수필이야. 그럼 수필의 특성을 살펴보자.

수필은 형식이 자유롭고 구성과 내용상의 제약이 없다는 특성이 있어. 그래서 일기체·서간체·담화체 등 다양한 산문의 형식으로 쓰일 수 있어. 즉 일기·생활문·편지글·기행문·수기·자서전 등도 모두 수필의 범주에 속해. 또한 우리 주변의 모든 다양한 소재들이 수필이 될 수 있어. 왜냐하면 수필은 인생이나 사회·역사·자연 등 이 세계의 모든 것에 대해 자유자재로 서술하므로, 소재가 광범위하지. 그래서 수필을 우리 주변의 모든 것을 기록하는 글이란 뜻에서 신변잡기적인 글이라고도 해.

"글 속에 그 사람이 있다."라는 말이 있어. 모든 글이 그러하겠지만 수필은 자신의 경험과 생각을 직접 밝히는 글이니 글쓴이가 어떤 사람인지 더욱 잘 보여주겠지. 혹시 누군가의 일기를 몰래 훔쳐 본 적 있어? 그러면 안 되겠지만 남의 일기를 읽으면 그 사람의 생각·가치관·성격 등을 아주 잘 알 수 있지. 글쓴이가 글 속의 '나'로 등장해서 직접 말하기 때문이야. 그래서 수필을 개성적이고 자기고백적인 글이라고 말해.

이렇게 수필에는 작가의 독특한 인생관·세계관·사상이나 감정이 잘 드러나 있고, 다분히 주관적이고 독백에 가까운 내용이 많아. 이와 같은 특성들 때문에 수필을 '개성의 문학'이라고도 해. 그리고 수필은 비교적 길이가 짧은 간결한 산문이기도 하지. 특히 수필은 주변의 소재를 가지고 누구나 쓸 수 있는 비전문적이며 대중적인 산문으로, 독자들 또한 어떤 특수한 분야나 계층의 사람들이 아닌 일반 대중이라는 점도 기억해.

수필은 크게 2가지 종류로 나뉘어. 개인적이고 일상적이며 신변잡기적인 특성을 지닌 수필을 경수필이라고 한다면, 사회적 문제나 이슈가 되는 부분에 대해서 자신의 의견을 논리적으로 밝힌 글은 중수필이라고 해. 여기서 '중수필'의 '중(重)' 자는 '무거울 중' 자로 제재나 소재 자체가 일상적이기보다 무겁다는 뜻이야. 논설문 같은 느낌이 나지만 일반적으로 논설문보다는 자신의 경험 위주로 자유롭게 전개해나간다는 특성이 있어. 자유로운 형식 안에서 개인의 경험과 생각을 개성 있게 풀어내는 글이 수필이라는 게 핵심이니 꼭 기억하자.

수필과 소설의 차이점

	수필	소설
서술자 '나'	실제 작가 자신	작가가 허구적으로 꾸며낸 인물
사건	실제 작가가 경험한 사건	작가가 주제를 전달하기 위해 허구적으로 꾸며낸 사건

감상과 해석은 어떻게 해야 하나요?

문학 작품을 감상하는 관점을 크게 2가지로 나눌 수 있다.
바로 외재적 관점과 내재적 관점이다.

우리 친구들, 이육사의 '청포도'라는 시 알지? 왜 있잖아, "내 고향 칠월은 / 청포도가 익어 가는 시절"이라고 시작하는 시 말이야. 이 시를 읽은 영희와 지수가 다음과 같은 대화를 나누었다고 가정해보자.

> 영희: '청포도'가 '풍요로운 공동체'를 상징하니 이 시의 주제는 '풍요로운 공동체에 대한 소망'이야.
> 지수: 아니야, 이 시의 시인인 이육사는 독립 운동가였으니, 이 시의 주제는 '조국 독립에 대한 염원'이야.

이렇게 같은 문학 작품을 보고도 작품에 대한 감상이 다른 이유는 무엇일까? 바로 작품 감상의 기준이 서로 달랐기 때문이야. 즉 작품 감상은 무엇을 기준으로 삼았는지에 따라 달라질 수 있어.

작품 감상의 기준은 크게 2가지인데, 하나는 작품에 영향을 미치는 작품 외적인 요소에 기준을 두는 거고, 다른 하나는 작품 안에서만 파악되는 내적인 요소에 기준을 두는 거지. 첫 번째를 외재적 관점(외재적 비평)이라고 하고, 두 번째를 내재적 관점(내재적 비평)이라고 해.

외재적 관점을 먼저 살펴보자. 작품의 영향을 주는 외적인 요소에는 무엇이 있을까? 가장 먼저 작품을 쓴 작가가 영향을 줄 수 있겠지. 이렇게 작가에 초점을 맞춰 작가의 체험·사상·감정 등을 고려해 작품을 감

상하는 방법을 표현론적(생산론적) 관점이라고 해. 작품을 표현하고 생산하는 것은 작가이기 때문이지.

외재적 관점 중에는 작품에 반영된 사회 현실에 초점을 두는 관점도 있어. 문학 속의 세계는 실제 사회 현실과 닮아 있기 때문에 문학 작품이 쓰여진 당시의 현실을 반영해 작품을 감상하는 거지. 이를 반영론적 관점이라고 해. 즉 어떤 사회 현실이 반영되어 있느냐에 초점을 맞추는 거지.

외재적 관점의 마지막은 작품을 읽는 독자에게 초점을 맞추는 거야. 독자와 작품의 관계를 들어 독자가 작품을 읽고 어떤 효용적 가치를 얻었느냐에 집중하는 거지. 이를 효용론적(수용론적) 관점이라고 해. 이들은 모두 작품 밖의 요소와 작품을 관련지어 감상하는 방법이야.

쉽게 말하면 '작가는~' '시인은~' '이육사는~' 이렇게 글쓴이가 언급되면서 감상이 이루어지면 표현론적 관점이고, '일제 강점기' '한국 전쟁' 등과 같은 실제 역사적 현실이 언급되면 반영론적 관점이야. '독자는 ~을 깨닫는다.' '나는 ~를 느꼈어.' '나는 ~를 생각했어.'와 같은 맥락으로 감상이 나오면 효용론적 관점이야. 이러한 방법으로 외재적 관점에 해당하는 감상의 종류를 구분할 수 있어.

다음으로 내재적 관점을 알아보자. 내재적 관점은 작품을 감상할 때 작품 이외의 사실에 대한 고려를 배제하고 언어, 문체, 운율, 구성, 표현 기법, 미적 가치 등의 작품 내부적 요소에만 관심을 두고 작품을 감상하는 방법이야. 이를 절대론적 관점이라고도 해. 예를 들어 이육사의 '청포도'라는 시를 볼 때, 운율, 시어의 의미, 표현 방법, 시적 화자의 어조 등 작품 안에서 파악되는 요소로만 감상이 이루어지는 것을 말해. '청포도'라는 시가 '푸른색'과 '흰색'의 색채 대비를 이룬다든지, 표현법 중에 '돈호법'이 쓰였다든지 하는 내용이 나오면 절대론적 관점인 거지.

다시 정리해보자. 문학 작품의 감상 방법은 관점에 따라 크게 4가지로 나눌 수 있어. 외재적 관점에는 작가에 초점을 맞추는 표현론적 관점, 사회 현실에 초점을 두는 반영론적 관점, 독자에게 초점을 두는 효용론적 관점이 있지. 그럼 내재적 관점에는? 작품 자체만을 가지고 분석하고 감상이 이루어지는 절대론적 관점이 있지.

외재적 관점 한눈에 정리하기

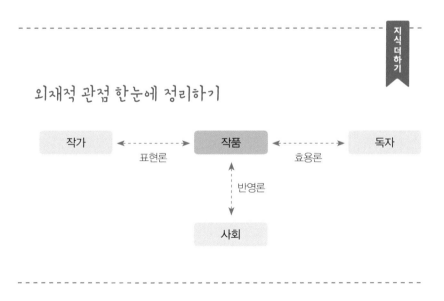

『30일 만에 마스터하는 중학교 국어』 저자 심층 인터뷰

Q 『30일 만에 마스터하는 중학교 국어』를 소개해주시고, 이 책을 통해 독자들
  에게 전하고 싶은 메시지가 무엇인지 말씀해주세요.

A 모든 과목이 그렇지만, 국어도 중학 과정에서 공부하라고 정해놓은
  목표, 즉 성취 기준이 있습니다. 이는 전국의 모든 중학생들에게 공
  통적인 부분인데요. 그 성취 기준에 맞는 개념만 잘 이해하면 어떤
  출판사의 교과서로 공부를 하든, 어떤 작품을 만나든 어렵지 않게 국
  어를 공부할 수 있습니다. 그래서 저는 우리 학생들이 좀더 쉽게 국
  어 공부를 할 수 있도록 중학 국어 과정의 모든 성취 기준을 망라해
  엄선한 필수 국어 개념들을 이 책에 담았습니다. 그런 의미에서 이

책을 다 읽고 나면 중학교 국어 공부도 어렵지만은 않을 것입니다. 많은 중학생 친구들이 이 책을 통해 국어 공부의 즐거움을 느낄 수 있으면 좋겠습니다.

Q 시중에 중학생 국어 관련 도서들이 많이 있는데요, 『30일 만에 마스터하는 중학교 국어』만의 차이점이 있다면 어떤 것이 있을까요?

A 중학생 국어 관련 도서가 많기는 하지만 현재의 국어 교육 과정을 철저하게 반영한 도서는 없었습니다. 이에 반해 이 책은 현재의 국어 교육 과정을 반영해 내용을 구성했습니다. 또한 기존의 책들은 문학과 문법 위주로 책이 구성되었는데, 사실 국어 과목에서는 말하기, 듣기, 쓰기 등의 비중도 상당히 높습니다. 그래서 이 책은 현재의 성취 기준에 맞추어 전 영역에서 필요한 개념을 전부 다루었습니다. 이 점이 이 책의 큰 차이점이자 장점입니다.

Q "국어는 기초 체력이다."라는 말씀을 하셨는데요, 무슨 의미인지 설명 부탁드립니다.

A 우리가 생활하는 모든 공간 속에는 우리말과 글이 있습니다. 일상생활에서 만나는 모든 사람과 우리말로 대화합니다. 게다가 학교 선생님들께서는 국어 과목을 비롯해서 전 과목의 수업 시간에 우리말로 수업을 하십니다. 수학 시험조차 우리글로 이루어져 있습니다. 즉 국어에 대한 이해가 충분하지 않으면 전 과목에 대한 이해 역시 부

족할 수밖에 없으며, 대인관계에까지 문제를 일으킬 수 있습니다. 이렇듯 국어 과목은 우리의 삶 전반과 모든 과목의 학습에 바탕이 되는 기초 체력과 같은 것입니다.

Q 초등학교 때 국어 시험에서 만점을 받던 아이가 중학생이 되어서는 학교 수업을 잘 따라가지 못하더라는 이야기를 종종 듣곤 합니다. 그 이유가 무엇인가요?

A 초등학교 때 접하게 되는 글이나 내용들은 비교적 단순하기 때문에 원리로 접근하지 않고, 암기식으로도 해결될 여지가 있습니다. 하지만 점점 글이 길어지고 내용이 깊어지고 활동의 난도가 상승하면 진짜로 문제 해결 능력을 갖춘 학생만이 직면한 문제를 잘 해결할 수 있습니다. 학원이나 부모님의 도움으로는 해결이 불가능하다는 것이지요. 문제 해결 능력을 키우기 위해서는 평소에 배경지식을 확충하고 독해력을 신장하기 위해 노력해야 합니다. 또한 개념으로 접근하는 공부법도 필요합니다.

Q 국어가 가장 쉬운 과목이라고 생각했다가 시험을 보면 성적이 아주 안 좋게 나오는 경우가 많습니다. 그 이유가 무엇인가요?

A 국어 과목은 수학처럼 어려운 공식이 있다거나, 영어처럼 해석이 안 된다거나 하지는 않습니다. 또한 우리는 국어가 모국어이기 때문에 일단 글을 읽거나 쓸 수는 있습니다. 하지만 국어 시험을 잘 보기 위

해서는 더 잘 읽고, 잘 쓸 수 있어야 하는데 많은 학생들이 다른 과목에 비해서 국어 공부에 시간과 에너지를 적게 투자합니다. 항상 우선순위에서 밀린다고 해야 할까요? 평소에 독서를 많이 하고, 많이 생각하고, 영어 단어와 같이 어휘나 개념의 뜻을 헤아려보고 찾아봐야 하는데, 그런 노력을 들이지 않으니 당연히 생각보다 성적이 안 나오게 되는 것이지요.

Q 많은 학부모들이 독서를 많이 하면 자연스럽게 국어 성적이 좋아질 것이라고 믿고 있는데요, 효과적인 책 읽기 방법이 있다면 말씀해주세요.

A 독서를 많이 하면 자연스럽게 국어 성적이 좋아질 것이라는 믿음은 많은 부분에서 맞습니다. 독서를 즐겨 하는 아이들은 결국 독서 방법도 스스로 깨닫게 되니까요. 단지 당부하고 싶은 것은 책을 읽는 권수에 너무 몰입하지 말라는 것입니다. 때로는 한 권을 반복해서 읽는 경우가 더 좋을 수도 있습니다. 또한 인위적인 독후 활동을 강요하는 것도 좋지 않습니다. 물론 책을 읽고 여러 가지 형태로 감상을 밝혀보고, 질문을 던져보고, 참고 자료를 찾아보는 것은 좋습니다. 그러나 꼭 해야 된다고 강요하다 보면 독서를 숙제처럼 여겨 흥미를 잃을 수 있습니다. 가장 중요한 것은 스스로 책을 읽는 아이로 성장하는 것입니다. 도서관이나 서점을 자주 찾거나 늘 집에서 책을 읽는 환경을 조성하는 게 가장 좋습니다.

Q 국어 공부에서 가장 어려운 것이 문법인데요. 효율적인 문법 공부 방법이 있다면 소개해주세요.

A 문법은 사실 흥미를 붙이면 굉장히 재밌습니다. 우리 생활 속의 모든 말과 글이 문법의 재료가 될 수 있습니다. 문법 단원이 시험 범위에 포함되어 있는 경우라면 가장 우선시해야 할 것은 교과서 속의 예문입니다. 교과서 속의 예문이 그대로 활용되어 문제로 나올 가능성이 많기 때문입니다. 기본 개념을 숙지하지도 않은 채 어려운 문제집만 푸는 것은 좋지 않습니다. 문법 역시 나오는 개념 및 용어를 숙지하고 교과서 예문을 분석해 만든 문제를 반복해서 푸는 것이 좋습니다.

Q "국어 공부의 꽃은 문학"이라고 하셨습니다. 문학을 읽고 나서 감상과 해석은 어떻게 해야 도움이 될까요?

A 개인이 즐기기 위해 문학 작품을 읽는 경우라면 정말 더 다양하고 자유롭게 읽으면 됩니다. 문학 작품을 적절하게 해석하고 학습에 도움을 받고자 하는 경우라면, 문학의 갈래별 개념을 숙지하는 게 좋습니다. 그리고 각 갈래에서 가장 중요한 포인트가 있으니 이 역시 알아두면 유용합니다. 예를 들면 '시'는 운율과 정서가 중요합니다. 이 점을 염두에 두고 시를 읽은 다음 시적 상황을 파악하고 정서를 파악합니다. 또한 운율이 어떻게 형성되었는지, 심상은 어떤 것이 사용되었는지에 따라 시에 접근한다면 여러 가지 중요한 의미를 잡으면서 더 깊이 있는 감상과 해석을 할 수 있습니다.

Q 국어 실력 향상을 위해 고민하는 학부모와 아이들에게 해주고 싶은 말씀이 있다면 한 말씀 부탁드립니다.

A 국어 과목은 단기간에 확실한 성과가 보이지 않는 과목입니다. 또 어떻게 보면 두루뭉술해서 접근 방법이 모호하기도 합니다. 강조하지만 국어 공부의 근간으로 삼아야 하는 것은 개념을 잡아야 한다는 것입니다. 용어의 뜻을 잘 헤아려야 합니다. 탄탄히 다져진 기초 위에 예문이 얹어지고 구체적인 작품이 놓여야 처음부터 끝까지 목표하는 바를 완전히 이해할 수 있습니다. 차분한 마음으로 평소에 책 읽기를 즐겨 하고, 국어 학습에서는 학습 목표 안에 나타나는 개념을 잘 정리하고, 교과서 활동을 우선시하다 보면 결국 '국어'를 온전하게 잡을 수 있을 것입니다.

스마트폰에서 이 QR코드를 읽으시면
저자 인터뷰 동영상을 보실 수 있습니다.

독자 여러분의
소중한 원고를 기다립니다

★ 메이트북스는 독자 여러분의 소중한 원고를 기다리고 있습니다. 집필을 끝냈거나 혹은 집필중인 원고가 있으신 분은 khg0109@hanmail.net으로 원고의 간단한 기획의도와 개요, 연락처 등과 함께 보내주시면 최대한 빨리 검토한 후에 연락드리겠습니다. 머뭇거리지 마시고 언제라도 메이트북스의 문을 두드리시면 반갑게 맞이하겠습니다.